Königs Erläuterungen und Materialien
Band 462

Erläuterungen zu

Ingo Schulze

Simple Story

von Stefan Munaretto

Über den Autor der Erläuterung:

Stefan Munaretto wurde 1955 geboren. Er unterrichtet Deutsch und Englisch an einem Gymnasium in Braunschweig und lebt mit seiner Familie in Wolfenbüttel. Als Autor von Interpretationen und Lernhilfen zur Literatur und zum Film hat er mehrere Artikel und Bücher veröffentlicht.

Das Werk und seine Teile sind urheberrechtlich geschützt. Jede Verwertung in anderen als den gesetzlich zugelassenen Fällen bedarf der vorherigen schriftlichen Einwilligung des Verlages. Hinweis zu § 52 a UrhG: Weder das Werk noch seine Teile dürfen ohne eine solche Einwilligung eingescannt oder gespeichert und in ein Netzwerk eingestellt werden. Dies gilt auch für Intranets von Schulen und sonstigen Bildungseinrichtungen.

1. Auflage 2008
ISBN: 978-3-8044-1865-3
© 2007 by Bange Verlag, 96142 Hollfeld
Alle Rechte vorbehalten!
Titelabbildung: Ingo Schulze © Isolde Ohlbaum
Druck und Weiterverarbeitung: Tiskárna Akcent, Vimperk

Inhalt

	Vorwort	5
1.	**Ingo Schulze: Leben und Werk**	7
1.1	Biografie	7
1.2	Zeitgeschichtlicher Hintergrund	10
1.3	Angaben und Erläuterungen zu wesentlichen Werken	18
2.	**Textanalyse und -interpretation**	21
2.1	Entstehung und Quellen	21
2.2	Inhaltsangabe	25
2.3	Aufbau	51
2.4	Personenkonstellation und Charakteristiken	65
2.5	Sachliche und sprachliche Erläuterungen	85
2.6	Stil und Sprache	92
2.7	Interpretationsansätze	97
3.	**Themen und Aufgaben**	103
4.	**Rezeptionsgeschichte**	106
5.	**Materialien**	109
	Literatur	114

In diesem Band wird nach der bekannten Taschenbuchausgabe des Romans zitiert, welche den Regeln der alten Rechtschreibung folgt: Schulze, Ingo: *Simple Storys. Ein Roman aus der ostdeutschen Provinz*. München: dtv, ⁶2006.

Vorwort

Ingo Schulzes Roman *Simple Storys* gilt heute als die gelungenste literarische Darstellung der ersten Jahre nach der „Wende". Exakt in der Mitte des Romans findet sich die entscheidende Wertung dieses epochalen Vorgangs, welcher zur Auflösung der DDR und zur deutschen Wiedervereinigung führte, nämlich in der Kapitelüberschrift „Big Mac und Big Bang". Sie bringt knapp und ironisch das Empfinden der Figuren in *Simple Storys* auf den Punkt, für die sich alle Hoffnungen, die sie eventuell mit den Verheißungen von Kapitalismus und Konsum („Big Mac") verbunden hatten, sehr schnell in nichts aufgelöst haben. Die neue Welt beginnt mit einer gewaltigen Explosion, einem Urknall („Big Bang"), der zunächst erst einmal alles hinwegreißt, was den Menschen Orientierung und Halt geboten hat. Dabei wird die DDR im Rückblick vollkommen illusionslos gesehen. Der Roman erzeugt keinerlei Wehmut im Hinblick auf den untergegangenen Staat, dessen jämmerliche Behandlung des Lehrers Dieter Schubert ihn schon allein abqualifiziert. Aber der Erzähler erblickt überall nur den Schock, den die großen Umwälzungen erzeugen. Sie bringen die Menschen in eine existenzielle Situation, die von Angst und Unsicherheit geprägt ist und in der sich soziale Schutzräume auflösen. Die alte Ordnung verschwindet, aber in das Vakuum stößt zunächst nur der Kältestrom der neuen auf Konkurrenz gegründeten Wirtschaftsform vor.
Das große Verdienst dieses Romans besteht darin, dass er diese Prozesse im Bewusstsein der Menschen mit großer Tiefenschärfe und Menschenkenntnis erforscht, festhält und in das kulturelle Gedächtnis der Deutschen einschreibt. Die Wahl Altenburgs als Mikrokosmos, die Verbindung von Kurzgeschichte und Roman erweisen sich zugleich als geeignete Mittel, mit deren Hilfe der Leser die Räume der ostdeutschen Gesellschaft der frühen neunziger Jahre durchschreiten kann. Dabei sind die *Simple Storys* kein reiner Wende-Roman von regional und zeitlich begrenzter Bedeutung. Wie schon die Sprachmischung im Titel zeigt, soll das Geschilderte aus

Vorwort

der thüringischen Provinzialität ins Weltläufige ausgeweitet werden. Dass dies gelungen ist, scheint der internationale Erfolg von Ingo Schulzes Buch zu bestätigen. Es spricht Menschen in aller Welt an, die Ähnliches erlebt haben oder denen die Vorgänge in Altenburg eine Ahnung davon vermitteln, welche Erschütterungen die Folge sind, wenn eine Gesellschaft von heute auf morgen auseinanderbricht. Deshalb stellt es auch für Leser wie den Autor dieses Erläuterungsbandes, der in der alten Bundesrepublik aufgewachsen ist, kein unüberwindliches Hindernis dar, dass viele „Gesprächsgegenstände" und Situationen des Romans, mitunter auch die Wortwahl, „unverwechselbar ‚ostdeutsch'"[1] sind. Über einige dieser Details des Alltags, mit denen *Simple Storys* gesättigt sind, müssen sich heute sogar Leser informieren, die nach der Wende in Altenburg geboren wurden. Diese Details liefern die authentische Grundierung für die Trennungen, Entwürdigungen und Gefährdungen, die in den Jahren nach der Wende für die Figuren des Romans ebenfalls alltäglich sind und die an vielen Orten und von den unterschiedlichsten Lesern ohne Weiteres nachempfunden werden. Das vorliegende Buch möchte einen Beitrag dazu leisten, dass dies gelingt.

---

[1] Rösch, Gertrud Maria: *Ingo Schulze: Simple Storys. Ein Roman aus der ostdeutschen Provinz.* In: Interpretationen. Romane des 20. Jahrhunderts. Bd. 3. Stuttgart: Reclam, 2003 (UB 17522). S. 295–308, hier S. 303.

1. Ingo Schulze: Leben und Werk

1.1 Biografie

Jahr	Ort	Ereignis	Alter[2]
1962	Dresden	Am 15. 12. geboren als Sohn einer Ärztin und eines Physikers; kurz nach der Geburt Scheidung der Eltern, Ingo Schulze wächst bei seiner Mutter auf.	
1981	Dresden	Abitur	18
1981– 1983	Oranienburg	Grundwehrdienst (18 Monate) bei der NVA (Nationale Volksarmee, 1956–1990 die Armee der DDR)	18–20
1983– 1988	Jena	Studium der Klassischen Philologie (Altgriechisch, Latein) und Germanistik; mehrere Aufenthalte in Leningrad[3]	20–26
1988– 1990	Altenburg	Tätigkeit als Schauspieldramaturg am Landestheater	25–27
Herbst 1989	Altenburg	Leitung der Mediengruppe der Bürgerrechtsbewegung Neues Forum; Teilnahme an Demonstrationen in Leipzig; Organisation von Demonstrationen in Altenburg	26

---

[2] Da Schulze so spät im Jahr geboren wurde, ist in der „Alter"-Spalte sein jeweils tatsächliches Lebensalter angegeben.
[3] Von 1924 bis 1991 offizielle Bezeichnung für Sankt Petersburg.

1.1 Biografie

Jahr	Ort	Ereignis	Alter
1990–1992	Altenburg	Gründung und Mitarbeit: „Altenburger Wochenblatt" und Anzeigenblatt „Anzeiger"	27–29
1993	St. Petersburg	Von Januar bis Juli Aufenthalt in St. Petersburg; dort ebenfalls Gründung eines Anzeigenblattes („Priwet Petersburg")	30
1993	Berlin	Tätigkeit als freier Schriftsteller nach der Umsiedlung nach Berlin, wo Schulze noch heute mit seiner Frau und zwei Töchtern lebt	30
1995	Berlin	*33 Augenblicke des Glücks* (Erzählungen)	32
1995	Berlin	Förderpreis des Alfred-Döblin-Preises	32
	Klagenfurt	Ernst-Willner-Preis	
	Mainz	aspekte-Literaturpreis des ZDF	
1998	Berlin	*Simple Storys* (Roman)	35
1998	Berlin	Berliner Literaturpreis mit Johannes-Bobrowski-Medaille	35
2000	Berlin	*Von Nasen, Faxen und Ariadnefäden* (zusammen mit Helmar Penndorf)	37
2001	Vaduz	Joseph-Breitbach-Preis	38
2005	Berlin	*Neue Leben* (Roman)	43
2006	Bochum	Peter-Weiss-Preis	43
2006	Berlin u. Darmstadt	Aufnahme als Mitglied der „Akademie der Künste" (Berlin) und der „Deutschen Akademie für Sprache und Dichtung" (Darmstadt)	43

1.1 Biografie

Jahr	Ort	Ereignis	Alter
2007	Rom	Stipendiat der Deutschen Akademie Villa Massimo	44
2007	Berlin	*Handy* (Erzählungen)	44
2007	Weimar	Thüringer Literaturpreis	44
2007	Leipzig	Preis der Leipziger Buchmesse für *Handy*	44

1.2 Zeitgeschichtlicher Hintergrund

Handlungszeitraum: 1990 bis ca. 1995

Die Handlung von Schulzes Roman spielt vor dem Hintergrund des historischen Umbruchs, der mit dem Ende der DDR und der deutschen Wiedervereinigung verbunden ist. Sie setzt im „Februar 90" (15) ein, also zu einem Zeitpunkt, als sich der Zerfall der Alleinherrschaft der SED vollzogen hatte und die Schritte zur Annäherung der beiden deutschen Staaten konkreter wurden. Der Zeitraum, über den die *Simple Storys* in chronologischer Reihenfolge berichten, erstreckt sich dann über mehrere Jahre, ohne dass sich exakt bestimmen ließe, wann er endet. Genaue Angaben, mit deren Hilfe sich der zeitliche Ablauf bestimmen lässt, gibt es vor allem am Anfang des Romans. Dort finden die Ereignisse statt, von denen man glaubt, dass sie geschichtliche Tragweite haben, vor allem die Einführung der D-Mark in der DDR. Das zweite Kapitel („Neues Geld") nennt das Datum der Währungsunion mit der Bundesrepublik, den „2. Juli [1990]" (26). Je länger aber diese Ereignisse zurückliegen und die Menschen sich in die neuen Umstände einfinden, desto mehr scheint das Leben in Zeitlosigkeit zu versinken. Die erzählte Zeit von *Simple Storys* umfasst also die Phase von 1990 bis ca. 1995. Der Roman greift aber auch weit in die Geschichte der DDR zurück in Form von Rückblicken auf die Biografien von Ernst Meurer und Dieter Schubert, auch auf Geschehnisse des ereignisreichen Wendejahres 1989, welches einen entscheidenden Bruch in der Biografie der Figuren herbeigeführt hatte.

Das Ende der DDR und die deutsche Wiedervereinigung

Zerfall der Gesellschaftsordnung der DDR

Unerwartet schnell hatte sich eine Gesellschaftsordnung verabschiedet, die das Leben der Menschen seit vierzig Jahren geprägt hatte. Die Macht des Partei- und Staatsapparates der DDR und die innere Stabilität des Landes waren in diesen Jahrzehnten durch

1.2 Zeitgeschichtlicher Hintergrund

den Einfluss der UdSSR und die Anwesenheit sowjetischer Truppen gesichert. Die Souveränität der DDR wie der anderen sozialistischen Länder war faktisch eingeschränkt, weil die sowjetische Regierung das Recht beanspruchte, bei einer Bedrohung der kommunistischen Herrschaftsordnung notfalls militärisch einzugreifen, wie es 1968 im Fall des „Prager Frühlings" in der Tschechoslowakei geschehen war. Nach dem Amtsantritt Michael Gorbatschows als Generalsekretär der kommunistischen Partei der Sowjetunion im Jahre 1985 änderte sich die Situation allmählich. Gorbatschow hatte erkannt, dass das starre System der Alleinherrschaft einer Partei den Anforderungen der Zukunft nicht gewachsen sein würde, und leitete demokratische Reformen ein. Ab 1987 wandelte sich auch die sowjetische Außenpolitik in einem Prozess, der die anderen Länder der „sozialistischen Gemeinschaft" allmählich in die Selbstbestimmung entließ.

Die DDR-Führung wehrte sich heftig gegen Veränderungen. Im Lauf des Jahres 1989 verlor sie aber die Kontrolle über die Vorgänge im Land und damit die Autorität bei der Bevölkerung. Ohne die Unterstützung durch die Sowjetunion, umgeben von anderen Ostblockstaaten, in denen sich bereits Auflösungserscheinungen bemerkbar machten, und konfrontiert mit dem Ruf nach Demokratie und Freiheit auch bei der eigenen Bevölkerung, stand sie auf verlorenem Posten. Immer mehr DDR-Bürger artikulierten den Wunsch, das Land zu verlassen, und stellten Ausreiseanträge. Obwohl die soziale Sicherheit, die der Sozialismus gewährte, weithin geschätzt wurde, hatte sich massive Unzufriedenheit ausgebreitet. Die Ursachen dafür lagen u. a. in den eingeschränkten Möglichkeiten, ins Ausland zu reisen, in der unzureichenden Versorgungslage, der Bespitzelung durch die Staatssicherheit, der fehlenden Pressefreiheit und der Verärgerung über die allgegenwärtige Bürokratie. Trotzdem verschloss sich die Staatsführung weiterhin jedem Wunsch nach Reformen und verschlimmerte die Situation, indem sie wie gewohnt die Ergebnisse der Kommunalwahlen vom 7. Mai 1989 manipulierte. Das Ansehen von Partei und Staat zerfiel weiter, nachdem das SED-Politbüro im Juni die gewaltsame Niederschlagung von Studentenprotesten auf dem

> Ereignisse des Jahres 1989

1.2 Zeitgeschichtlicher Hintergrund

Tiananmen-Platz in Peking begrüßte. Dies wurde auch als Drohung gegen Teilnehmer an Demonstrationen im eigenen Land empfunden, die dann aber trotzdem stattfanden und laufend an Umfang zunahmen. Inzwischen war auch der „Eiserne Vorhang" löchrig geworden, seitdem Ungarn am 2. Mai begonnen hatte, die Grenzbefestigungen zu Österreich abzubauen, und damit das Ende der Abschottung des kommunistischen Machtbereichs eingeleitet hatte. Zahlreiche Bürger der DDR nutzten diese Möglichkeit, um in den Westen zu gelangen. Im Herbst 1989 eskalierte die Situation endgültig, und innerhalb weniger Monate war die DDR in ihrer bisherigen Form untergegangen. Im September und Oktober suchten Tausende Zuflucht in den bundesdeutschen Botschaften in Prag und Warschau, um ihre Ausreise zu erzwingen. Auch nach dem Rücktritt des SED-Generalsekretärs und Staatsratsvorsitzenden Erich Honecker fanden die Massendemonstrationen in Leipzig und anderen Städten der DDR weiterhin statt. Gleichzeitig wurden in der DDR neue Parteien gegründet, oppositionelle Gruppen schlossen sich zu Bürgerrechtsbewegungen wie dem Neuen Forum zusammen. Am 9. November kam es schließlich zur Öffnung der Grenzen.

Bestrebungen, die DDR als Staat zu erhalten und hier im Rahmen einer deutschen „Konföderation" eventuell einen eigenständigen Weg mit einer „sozialistischen Marktwirtschaft" einzuschlagen, waren nicht von Erfolg gekrönt. Die Tendenz wies deutlich in Richtung Wiedervereinigung, und die Volkskammerwahlen am 18. März 1990 wurden zu einem eindeutigen Votum dafür. Den Sieg trug mit großem Vorsprung die CDU davon, deren Vorsitzender Helmut Kohl die schnelle Einrichtung einer Wirtschafts- und Währungsunion versprochen hatte. Die ursprünglich favorisierte SPD, die diesem Schritt skeptisch gegenüberstand, kam nur auf 21,9 % der Stimmen. Gleich nach der Einführung der Währungsunion zeigte sich, dass man von viel zu optimistischen Annahmen ausgegangen war. Die Wirtschaft der DDR war nach der Einführung der D-Mark dem internationalen Konkurrenzdruck nicht gewachsen. Der Maschinenpark vieler DDR-Betriebe und die Infrastruktur waren veraltet, weil die SED jahrelang Investitionen zurückgestellt hatte, um soziale Leistungen

1.2 Zeitgeschichtlicher Hintergrund

zu finanzieren. Da die meisten Betriebe deshalb keine weltmarktfähigen Güter produzierten und ihre Produktivität viel geringer war als die westlicher Unternehmen, brach die DDR-Wirtschaft fast völlig zusammen.

> Probleme der Einheit

Eine Behörde, die Treuhandanstalt, wurde damit beauftragt, die großen Staatsbetriebe zu privatisieren. Investoren ließen sich meistens nur unter Einsatz enormer Subventionen finden. Trotzdem wurde diese Umverteilung von Eigentum in der Bevölkerung als Ausverkauf ihrer Interessen gewertet. Als sozialer Sprengstoff erwies sich auch die Klärung von Eigentumsfragen. Die Rückerstattung ehemals enteigneten Besitzes an ihre ursprünglichen Eigentümer, die häufig auch im Westen lebten, konnte z. B. bedeuten, dass langjährige Nutzer von Wohnungen gekündigt wurden. Am Tag der endgültigen Wiedervereinigung, definiert als der Beitritt der DDR zur Bundesrepublik Deutschland am 3. Oktober 1990, war deshalb die Euphorie bei den Menschen in den neuen Bundesländern bereits weitgehend verflogen.

Die historischen Ereignisse in der Darstellung des Romans

Diese Desillusionierung ist ein Geschehen, das sich an zahlreichen Figuren in *Simple Storys* nachvollziehen lässt. Der Westen bleibt den meisten fremd, tritt ih-

> Enttäuschung über die neue Konsumwelt

nen zunächst vor allem in Form der neuen Konsumwelt entgegen. Der Roman erwähnt zahlreiche Markennamen wie „Prince Denmark" (45), „Isuzu" (78), „Nescafé Gold" (92) oder „Meister Proper" (201), allerdings eher beiläufig, und im Laufe der Zeit auch seltener. Die Menschen zeigen keinen Enthusiasmus, weil die Waren nun, da sie leicht verfügbar sind, ihren magischen Charakter verloren haben. Vor der Wende hatten Marianne Schuberts Neffe und Jennys Bruder einen Kult um westdeutsche Bierdosen getrieben, die sie unter Gefahren in Mülleimern an der alten Transitstrecke gesammelt hatten. In der Wohnung von Marianne Schuberts Neffen stand sogar ein

1.2 Zeitgeschichtlicher Hintergrund

„Büchsenaltar". Damals war „keine Büchse ohne Story. Jetzt ist es alles Schrott. Jetzt gibts die an jedem Kiosk" (172).
Eine zwischenmenschliche Annäherung von Ost und West findet nur in der ganz jungen Generation statt, wie die Beziehung zwischen Jenny und Maik verdeutlicht. *Simple Storys* bieten damit auch eine verhalten optimistische Zukunftsperspektive. Diese beinhaltet die Vorstellung, dass der Osten bei einer wirklichen Wiedervereinigung eine entscheidende Rolle spielen wird, denn die Ost-Berlinerin Jenny ist im Vergleich zu dem Stuttgarter Maik die stärkere von zwei verunsicherten Leuten. In der Gegenwart der Romanhandlung gestaltet sich der entscheidende Kontakt mit dem Westen, der die Rettung bringen soll, hingegen als Katastrophe. Anfang 1990 treten in Altenburg eine Reihe von Immobilienhändlern und Abgesandten von Banken und Versicherungen auf, die im Hotel Wenzel absteigen und durch ihre „ledernen Aktenkoffer" (24), ihre ungewohnten Manieren und große Versprechungen Eindruck machen, aber „Auf uns!" rufen, wenn sie unter sich sind (27). Das Trennende zwischen Ost und West scheint hier schon auf, und im weiteren Verlauf gestaltet sich die Vereinigung von BRD und DDR als Mischung aus plumper Verführung und Vergewaltigung im Zeichen des Geldes. Als solche ist der Vorgang zwischen Conni Schubert und dem Geschäftsmann Harry Nelson zu deuten, der sich bezeichnenderweise am Tag der Währungsumstellung ereignet. Conni erfährt hierbei stellvertretend für ihre Umgebung die Einführung der D-Mark als Demütigung durch einen vermeintlichen Beschützer. Der übermächtige Nelson,

Zusammenbruch der Wirtschaft dessen Name an den britischen Admiral erinnert, genießt unverhohlen den Sieg des Kapitalismus. Der Niedergang der Altenburger Wirtschaft geht anschließend so schnell und unaufhaltsam vonstatten, dass sich Conni in ihrer Beschreibung nicht mit Einzelheiten aufhält, sondern gleich zum Zeitraffer greift:

> *Meine Stelle wurde nicht mehr besetzt, und im Herbst schloß der „Wenzel". Erika wurde von einem Italiener eingestellt, der sein Glück mit einer Pizzeria in der Fabrikstraße versuchte. Im April 91 mußte er*

1.2 Zeitgeschichtlicher Hintergrund

schließen. Erika fand andere Gaststätten. Doch kaum war eröffnet, kaum waren einige Monate vergangen, machten sie wieder dicht. Viermal passierte ihr das. Schließlich stand sie in dem Ruf, ein Unglücksengel zu sein. Aber auch nicht lange, denn man sah ja, wie es insgesamt lief. (29)

Nicht nur Connis Kollegin Erika, sondern fast alle Figuren in *Simple Storys* werden mindestens einmal arbeitslos, oft „von einem Tag auf den anderen" (42). Andere kämpfen, wenn sie sich selbstständig gemacht haben wie Christian Beyer oder Raffael, mit dem Bankrott. Finanzielle Schwierigkeiten sind weit verbreitet, und für Martin Meurer enden seine „letzten glücklichen" Tage, als der Geldautomat seine EC-Karte einzieht (43). Für viele setzt ein sozialer Abstieg ein; so verliert Hanni ihre Stellung als Museumsdirektorin. Qualifikationen werden hinfällig wie bei Martin Meurer und seinen Mitstudenten, von denen niemand je Arbeit als Kunsthistoriker findet. Der Maschinenbau-Ingenieur Orlando muss froh sein, wenn er durch Beziehungen eine Stelle als Taxifahrer kriegt. Auch sein Freund Raffael erleidet einen Bedeutungsverlust, weil nach der Wende sein Beruf und die Berufsbezeichnung „Dispatcher" (101), auf die er stolz war, völlig verschwinden. Die Lebensführung der Menschen, die auch darauf beruhte, dass der Werdegang in der DDR mit verhältnismäßig hoher Sicherheit vorgeprägt war, verliert durch diese Vorgänge ihre Geschlossenheit. Viele müssen einen gänzlich neuen Lebensweg einschlagen, was einigen wie Martin Meurer nicht gelingt oder erst nach langen Umwegen. Dabei gibt es auch Menschen, die sofort ihr Glück machen, und zwar im wahren Sinn des Wortes. Tom und Billi können sich nämlich ein sorgloses Leben leisten, denn Tom hat „eine Erbschaft gemacht und Billi, seine Frau, eine noch größere bald darauf" (62). Bei einem solchen Fall, der vermutlich durch Rückerstattung enteigneten Besitzes zustande gekommen ist, scheint für die Umgebung die Willkür des Zufalls eine entscheidende Rolle zu spielen. Einige versuchen deshalb, das Glück zu erzwingen, und geben noch ihr letztes Geld für ein Lottoabonnement aus (49).

> Die Wende als Ursache des sozialen Abstiegs

1.2 Zeitgeschichtlicher Hintergrund

In jedem Fall driften die Lebensverhältnisse schnell auseinander. Die wenigen, die vom Zufall begünstigt werden, verstehen schon nach kurzer Zeit die Alltagsnöte der früheren Freunde nicht mehr. Tom umgibt sich mit Leuten wie einem Wiesbadener Weingroßhändler. Patrick hat an Toms neuer Aluplatte beim Tischtennis keine Chance mehr zu gewinnen, und Tom lässt ihn wissen, dass er „ebenbürtige Sparringspartner" sogar bezahlen würde (66).

Die politische und soziale Entwicklung wird von den Menschen in *Simple Storys* auch aus weiteren Gründen als Misserfolg empfunden, weshalb die vermeintlich bessere Vergangenheit oft nostalgisch verklärt wird. Besonders in den Kapiteln, die in der ersten Phase nach der Wende spielen, wird das Wort „früher" von Figuren wie Lydia immer wieder verwendet: „Sehnst du dich auch manchmal nach früher?" (60)

Weitere Ursachen für die Enttäuschung über die Entwicklung nach der Wende	Beispiele
Der Verrat der Ideale der Bürgerrechtsbewegung an kommerzielle Interessen	Christian Beyer unterbindet Dannys kritische Berichterstattung in seinem Wochenblatt
Opportunismus, fehlender Mut	Patricks mangelnde Unterstützung für Danny
Ungenügende Aufarbeitung von Konflikten aus der DDR-Zeit	Dieter Schubert/Peter Bertram
Fehlende Versöhnungsbereitschaft	Dieter Schuberts Verhalten gegenüber Ernst Meurer

1.2 Zeitgeschichtlicher Hintergrund

Kontinuität der Machtverhältnisse	Der „letzte FDJ-Chef" (236) nutzt alte Kontakte, um schnell wieder Karriere zu machen
Ungleichheit bei der Verfolgung von Unrecht	Ernst Meurer wird öffentlich an den Pranger gestellt, während nach Mariannes Meinung „die größten Ganoven" in der Untersuchungskommission sitzen (234)
In der Übergangszeit macht sich ein öffentliches Klima der Verunsicherung und Gewalt breit	Die Auseinandersetzungen zwischen „Faschos und Punks" (31) in Altenburg
Ungeklärte Eigentumsfragen	Die Zeitungsüberschrift „Von Südafrika über Australien bis nach Kanada: Ansprüche im Kreis Altenburg" (35)
Das Aufbrechen alter Gemeinschaften und Solidaritäten	Hanni beklagt, dass „alles, was war, weg ist, die Leute, sie sind weg. [...] Die Gescheiten machen sich dünn hier, wer bleibt, spielt solche Spielchen." (89)

1.3 Angaben und Erläuterungen zu wesentlichen Werken

Seit 1995 hat Ingo Schulze fünf Bücher veröffentlicht, darunter vier Erzählbände, die ihn als Schriftsteller bekannt gemacht haben. Sein erstes Buch ***33 Augenblicke des Glücks. Aus den abenteuerlichen Aufzeichnungen der Deutschen in Piter*** basiert auf Erfahrungen, die Schulze während eines halbjährigen Aufenthalts in St. Petersburg machte. Es enthält Geschichten, die ein Porträt der russischen Stadt ergeben, wobei unterschiedliche Erzählstile von satirisch bis grotesk und surreal zur Anwendung kommen. Schulze etabliert hier bereits Techniken, die auch in späteren Werken wieder zu beobachten sind. Dazu gehört das Spiel mit Realität und Fiktion, vor allem mit der Verwischung der Grenzen zwischen Autor und Erzähler. Wie in dem späteren Roman *Neue Leben* gibt es hier auch eine Herausgeberfiktion: Dem Leser stellt sich zunächst eine Zugreisende aus Freiburg vor, der von einem Herrn in ihrem Abteil namens Hofmann eine Mappe mit Aufzeichnungen überlassen wurde, die sie an einen gewissen I. S. in Berlin weiterleitet. Dieser veröffentlicht sie dann schließlich, wobei er betont, dies geschähe nicht aus „materiellen Erwägungen", sondern um „die anhaltende Diskussion um den Stellenwert des Glücks zu beleben"[4]. Der absichtsvoll umständliche Untertitel und der ironische Umgang mit literarischen Anspielungen sind in diesem Debütband bereits enthalten wie auch das Prinzip, ein Panorama aus einer Vielzahl von Momentaufnahmen zu schaffen.

Simple Storys, das zweite Buch, unterscheidet sich insofern von *33 Augenblicke des Glücks*, als es hier einen einheitlichen Stil gibt, was sich bei ***Neue Leben. Die Jugend Enrico Türmers in Briefen und Prosa. Herausgegeben, kommentiert und mit einem Vorwort versehen von Ingo Schulze*** wieder ändern sollte. Auf diesen fast 800 Seiten langen Briefroman, der erneut in Altenburg spielt, musste die gespannte Schulze-Leserschaft sieben Jahre warten. Er konnte

---
4 Schulze, Ingo: *33 Augenblicke des Glücks. Aus den abenteuerlichen Aufzeichnungen der Deutschen in Piter.* München: dtv, 1997. S. 9.

erst 2005 erscheinen, weil der Autor sehr lange darum rang, eine angemessenen Form für die stark autobiografisch geprägte Erzählung eines Lebens in der DDR und während der ersten Jahre nach der Wende zu finden. *Neue Leben* schildert den Werdegang Enrico Türmers, der Anfang der sechziger Jahre in Dresden geboren wird. Er träumt davon, Schriftsteller zu werden, wofür ihm die DDR der geeignetste Ort erscheint, denn hier kann ein kritisches Wort noch die Welt erschüttern. Schon früh hatte ihn aber der Westen fasziniert. Am liebsten würde er als oppositioneller Künstler dorthin abgeschoben werden. Ab 1990 löst er sich von der Bürgerrechtsszene und wird als Betreiber eines Anzeigenblatts kapitalistischer Geschäftsmann. Auf diese Weise fügt er sich in eine Gesellschaft, deren „neues Leben" nicht auf moralischen Erwägungen beruht, sondern die vollständig der Ausstrahlungskraft des Geldes erliegt. *Neue Leben* gibt vor, aus den nachgelassenen Briefen und schriftstellerischen Versuchen Enrico Türmers zu bestehen, welche nach dessen Bankrott und Flucht vor den Gläubigern in die Hände Ingo Schulzes gelangt sein sollen. Dieser behauptet, den Werdegang seines angeblichen Bekannten zu missbilligen und nun eigens von einem Romanvorhaben zurückgetreten zu sein, um als Herausgeber Türmers zu fungieren. Die verschachtelte Erzählweise des Romans mit ihrer Fülle von intertextuellen Bezügen zu Werken wie Goethes *Faust* wurde von Rezensenten gelegentlich als überfrachtet empfunden, meistens aber als vollständig angemessen und gelungen beurteilt. Das Bekenntnishafte der Briefe, aber auch der ständige Perspektivenwechsel und die Zweifel an der Glaubwürdigkeit Türmers, die der Herausgeber streut, passen zu der Darstellung einer unsicheren, schwankenden Zeit.

Das Buch **Von Nasen, Faxen und Ariadnefäden. Zeichnungen und Fax-Briefe**, das im Jahr 2000 erschien, enthält ebenfalls Briefe, diesmal jedoch reale. Ingo Schulze hatte sie Anfang 1993 per Fax aus St. Petersburg an einen schwer erkrankten Freund, den Künstler Helmar Penndorf, nach Altenburg geschickt. In dem Band sind außerdem 35 Zeichnungen des im Februar 1993 verstorbenen Penndorf zu finden.

1.3 Angaben und Erläuterungen zu den Werken

Im Jahre 2007 kam **Handy. Dreizehn Geschichten in alter Manier** heraus, ein weiterer Band mit Erzählungen, für den Ingo Schulze unmittelbar den Preis der Leipziger Buchmesse erhielt.

Er kehrt nach *Neue Leben* damit zu dem kurzen Format zurück und erzählt wieder im Alltag angesiedelte Geschichten, in denen das Entscheidende oft beiläufig und unter der Oberfläche passiert. Dabei bildet hier nicht ein einzelner Ort wie St. Petersburg oder Altenburg den Mittelpunkt; die Geschichten spielen u. a. in Kairo und Estland.

2. Textanalyse und -interpretation

2.1 Entstehung und Quellen

Die Entstehung von *Simple Storys* ist direkt mit den Erfahrungen verbunden, die Ingo Schulze zwischen 1989 und 1993 machte und mit der Verzögerung von einigen Jahren in dem Roman verarbeitete. Schulze hat sich mehrfach in Interviews darüber geäußert, dass er vorzugsweise über Dinge schreibt, die in der Realität gründen, welche er aus eigener Anschauung kennt. Deshalb war es naheliegend, einen Roman über die Wende und ihre Folgen dort anzusiedeln, wo er sie erlebt hatte, nämlich in Altenburg:

> Persönliche Erfahrungswelt

Also ich kannte Altenburg vor 1989 und kannte es danach, und kannte es übers Theater, kannte es vom Demonstrieren her, und wir haben dann angefangen, eine Zeitung zu gründen, ein Wochenblatt mit Freunden zusammen, und da traf man Leute, mit denen man sonst nicht zusammengekommen wär', und fragte auch mal mehr nach, als man vielleicht so im alltäglichen Leben auch höflichkeitshalber aufhört zu fragen, und also, das war das Einzige, was ich so ein bisschen kannte, also ich hätte vielleicht auch lieber über Berlin oder etwas geschrieben, aber das kannte ich ja nicht und dann dachte ich, warum soll ich jetzt eine Stadt erfinden, da hab ich mir auch für dieses Buch eben die Amerikaner ein bisschen zum Vorbild genommen, die sagen: „In dieser Stadt, zu der und der Zeit", am besten noch die Uhrzeit. Da hab' ich gedacht, das versuch' ich jetzt auch so. Mir geht's schon auch immer darum, etwas zu sagen, über einen bestimmten Ort zu einer bestimmten Zeit, zu sagen.[5]

---

[5] Der Absatz und alle anderen Zitate in diesem Kapitel entstammen der Aufzeichnung eines Podiumsgesprächs, das 1999 an der Universität Turin stattfand. Im Internet zu finden unter: http://www.germanistica.it/quaderni/schulze_intervista.asp (Stand Juli 2007)

2.1 Entstehung und Quellen

Das in Altenburg Erlebte war offensichtlich so reichhaltig, dass Schulze später darüber noch einen zweiten Roman (*Neue Leben*) schreiben sollte. Dabei ist nicht nur der dramatische Umbruch der Gesellschaft von Bedeutung, sondern auch die Tatsache, dass Schulze sich in der Zeit nach der Beendigung seines Studiums in einem Selbstfindungsprozess befand, zahlreiche Rollen für sich ausprobierte und dabei die unterschiedlichsten Milieus kennenlernte. Als Schriftsteller kehrt er also immer wieder in diese prägende Phase zurück, nutzt die Literatur als Problemlösungsspiel, um die Erfahrungen mit sich selbst und anderen, die eingeschlagenen und die verlassenen Wege immer wieder einer Prüfung zu unterziehen. Dass dabei auch sehr private Erlebnisse eingeflossen sind, ist kaum zu bezweifeln; Schulze erwähnt auch, dass er eigentlich „immer nur die alten Geschichten über Liebe und Tod" erzählt. Im Detail ist dies allerdings kaum zu beurteilen, da der Autor darüber in Interviews wenig Auskunft gibt und sich auf Äußerungen über seine Erfahrungen in verschiedenen Berufen und in der Öffentlichkeit beschränkt.

> Literatur als Problemlösungsspiel

Als Dramaturg am Landestheater dürfte Schulze eher Menschen wie Enrico Friedrich begegnet sein; dieser ist auch anfangs tatsächlich „vom Theater" (65). Die Zeit des kritischen Journalisten, zunächst in der Mediengruppe des Neuen Forums und danach in den Anfangstagen des „Altenburger Wochenblattes", hat vermutlich zur Gestaltung von Figuren wie Danny angeregt. Weiterhin kann man annehmen, dass die Phase der Kommerzialisierung der Zeitungslandschaft mit ihrer massiven Verdrängung moralischer durch geschäftliche Erwägungen in der Gestalt des Christian Beyer wiederkehrt. Ingo Schulze hat sich selbst relativ lange als kapitalistischer Unternehmer betätigt und Unsicherheiten und Ängste erlebt, die denen Beyers ähnlich gewesen sein dürften. Er berichtet, er sei „zweimal von einem Banker regelrecht gerettet worden, glaube ich, also sonst wäre ich jetzt hoch verschuldet und so weiter. Mir ist da also sehr Gutes widerfahren, bin natürlich auch paar Mal übers Ohr gehauen worden, weil ich bestimmte Dinge nicht wusste." Dies zeigt, dass teilweise sehr konkrete Erfahrungen in *Simple Storys* eingegangen sind. So hatte Schulze einen Freund, der „betrunken in ein Loch gefallen und [...] dann erfroren" ist, genau wie Martin Meurers Studienkollege (224). Die Szene im Vorzimmer des Möbelparadieses (Kap. 12) ist ein weiteres Beispiel für eine solche Direktübertragung vom echten Leben in die *Simple Storys*, wie man Schulzes Erinnerung entnimmt: „und im Oktober 90 saß ich eben im Vorzimmer eines Möbelhauses und wartete darauf, dass mein Mitbewerber, mein Konkurrent, da rauskommt, und ich dachte mir: ‚Welches Angebot kannst du da machen?'" Jedoch handelt es sich hier nicht um einen Schlüsselroman, der lauter Doppeldeutigkeiten erzeugt, um auf direkte Bezüge zu realen Personen hin gelesen zu werden. Schulze lässt die Figuren aus „Konstellationen" entstehen, mischt Züge verschiedener Menschen und denkt sich etwas dazu aus, wie seine Äußerungen über die Figur Ernst Meurer bezeugen (vgl. S. 109 dieses Erläuterungsbandes). Gleichzeitig überlegt er, wie er das Romanpersonal aufeinander reagieren lassen kann, welche Begegnungen von Figuren interessant sein könnten, bis sich diese Überlegungen zu einer „Spielanleitung" verdichten, aus der dann letztlich das Werk entsteht.

Ein direkter Plan, ein Buch wie *Simple Storys* zu schreiben, existierte ursprünglich nicht. Schulze hat beschrieben, wie er zunächst nach dem Lesen von Kurzgeschichten des amerikanischen Autors Raymond Carver plötzlich einen „Sound im Ohr" hatte und diesen zur Grundlage für eigene Geschichten machen wollte. Das Gesamtprojekt *Simple Storys* entwickelte sich im Arbeitsprozess, nachdem bereits eine Reihe von Texten geschrieben war und die Idee aufkam, diese miteinander zu verbinden. Schulze berichtet im Interview, wie er noch einmal fast von vorn begann und dass es „ein richtig schöner Abend [war], den ich da so verbrachte", als der Keim für die oben erwähnte „Spielanleitung" entstand. Es handelt sich somit um einen der Fälle, bei dem man das Wirken der literarischen Inspiration quasi beobachten kann. Die Erzählungen von Carver, Ernest Hemingway, James Joyce und anderen Autoren spielen dabei eine besondere Rolle. Zwischen Hemingways Story *Die Killer* und dem zwölften Kapitel von *Simple*

> Vorbild Raymond Carver

2.1 Entstehung und Quellen

Storys gibt es nicht nur im Titel Parallelen. Insgesamt verfügt der Roman über eine dichte Intertextualität (vgl. das Kapitel 2.3 dieses Erläuterungsbandes). Die Belesenheit des Altphilologen Ingo Schulze wirkt sich in zahlreichen Motiven, Handlungselementen, Anspielungen usw. in *Simple Storys* aus.

2.2 Inhaltsangabe

Kapitel 1 – Zeus

Im Februar 1990 bekommen Renate und Ernst Meurer von ihren Söhnen Martin und Pit eine Reise nach Italien zum zwanzigsten Hochzeitstag geschenkt. Die Grenze ist zwar schon geöffnet, aber die Unternehmung hat noch einen halb illegalen Charakter. Sie fahren unter falschen Namen mit westdeutschen Ausweisen. Unter den anderen Fahrgästen im Bus fällt Renate ein Mann mit einem Glasauge auf, der sich auffällig benimmt. In Perugia hat die Reisegruppe einen Aufenthalt, weil der Bus repariert werden muss. Nach einer Stadtführung sitzen die Meurers mit anderen DDR-Bürgern in einem Lokal, als sie draußen andere Mitreisende über den Platz stürmen sehen. Sie folgen ihnen ins Freie und sehen dort die Ursache für die allgemeine Aufregung. Der Einäugige ist dabei, an der Fassade der Kathedrale hochzuklettern. Erst jetzt erfährt Renate, dass Ernst den Mann aus Altenburg kennt. Es handelt sich um Dieter Schubert, mit dem ihn eine weit zurückliegende „Geschichte" (21) verbindet. Zu Hause hatte er im Zusammenhang mit Schubert immer nur dessen Spitznamen „Zeus" verwendet. Ernst weiß auch, dass Schubert ein geübter Bergsteiger ist und dass ihm keine Gefahr droht, selbst als dieser immer weiter in die Höhe steigt und seine Socken hinabwirft. Schließlich hält Schubert inne und fängt an, aufgebracht zu schreien. Er bezeichnet Ernst als den „roten Meurer" und als „Bonzen" (21) und zeigt dabei auf das Ehepaar. Nach einer Weile hangelt er sich wieder herab. Nachdem Schubert von Carabinieri abgeführt wurde, gehen die Meurers zum Bus zurück.

> Ernst und Renate Meurers Reise nach Italien

> Dieter Schuberts Kletterpartie

Kapitel 2 – Neues Geld

Die neunzehnjährige Conni Schubert – die Tochter von „Zeus" – arbeitet als Kellnerin im Altenburger Hotel „Wenzel", in dem sich im

2.2 Inhaltsangabe

Jahr 1990 zahlreiche Geschäftsleute aus dem Westen einquartieren, unter anderem der Immobilienhändler Harry Nelson. Seine Manieren imponieren Conni und auch die Tatsache, dass er mit wichtigen Leuten verhandelt und in der Zeitung abgebildet wird. Sie stellt sich vor, Nelson würde sie heiraten und beschützen. Am 2. Juli, dem Tag des Inkrafttretens der Währungsunion, hat Conni am späten Abend noch Dienst. Sie sitzt allein im Speisesaal und faltet Servietten, als Nelson kurz vor Mitternacht in das Hotel zurückkehrt. Er fasst Conni ohne Umschweife an die Brust und küsst sie. Sie entzieht sich seinen Zudringlichkeiten, willigt aber ein, als er sie auffordert, mit ihm nach draußen zu gehen. Nicht weit vom „Wenzel" entfernt zieht Nelson Conni auf ein Rasenstück, und es kommt zu einem schnellen Geschlechtsverkehr, gegen den sie zunächst schwachen Widerstand leistet, den sie dann aber über sich ergehen lässt. Danach läuft sie eilig davon und verlässt bald darauf Altenburg, um sich im Westen Arbeit zu suchen, zunächst in Lübeck und später auf einem Kreuzfahrtschiff.

Connis Vergewaltigung

Kapitel 3 – Mal eine wirklich gute Story

Journalistin Danny

Es ist Anfang 1991, und Danny schreibt für eine lokale Wochenzeitung. Ihr Freund Edgar hat sich von ihr getrennt, weil sie immer überarbeitet ist. Es gibt viel zu berichten über die Zustände in der Stadt, in der Schlägereien und Randale an der Tagesordnung sind. Einer ihrer Artikel behandelt einen schweren Fall von Körperverletzung an einem fünfzehnjährigen Punk. Ihrem Chef Christian Beyer ist es nicht recht, dass Danny sich auf diese Themen konzentriert. Er fürchtet, dass die Zeitung selbst Opfer von Vandalismus werden könnte. Zwischen den beiden bestehen Differenzen im Hinblick auf die Ausrichtung des Blattes: Danny will sich um Inhalte kümmern und ihre journalistische Freiheit nicht den Interessen von Anzeigenkunden opfern. Beyer gibt ihr zu verstehen, dass sie dadurch ihren Arbeitsplatz gefährdet. Er setzt sie laufend unter Druck, ist andererseits aber privat an ihr interessiert. Eines Abends fährt Danny zur Wohnung von Pe-

2.2 Inhaltsangabe

ter Bertram, der bei der Zeitung angerufen hatte, weil er eine Geschichte vorbringen wollte. *Gespräch mit Peter Bertram*
Er erzählt Danny, dass fünf Jugendliche in seine Wohnung eingedrungen seien und ihn und seinen Sohn bedroht und seine Frau vergewaltigt hätten. Hier unterbricht ihn Danny und sagt ihm auf den Kopf zu, dass die Geschichte „unlogisch" (38) sei und sie genug davon hätte, sich ständig solches „Geschwafel" (39) anzuhören. Sie vergleicht Bertrams Geschichte mit der des verrückten Alten, der über der Redaktion wohnt und ihr schon zweimal die Reifen zerstochen hat. Als Danny einmal seine Wohnung betrat, um mit ihm zu reden, beschuldigte er sie unter anderem, ihr zwei Monatsrenten gestohlen zu haben, und holte sogar ein Beil hinter dem Schrank hervor. Erst als die Zeitungssekretärin Scholz kam, wurde Danny aus ihrer bedrohlichen Lage befreit. Nachdem sie dies berichtet hat, verlässt sie Bertrams Wohnung.

Kapitel 4 – Panik

Nach der Wende sind Martin Meurer und seine Frau Andrea – Dannys Schwester – arbeitslos geworden. Andrea macht eine Umschulung zur Buchhalterin, und Martin, der Assistent am Lehrstuhl für Kunstgeschichte an der Leipziger Uni war, findet nach einiger Zeit eine Außendienststelle bei einer Firma für Natursteinkonservierung. Sie haben *Martins neue Arbeit*
einen kleinen Sohn, Tino. Finanziell kommen sie „gerade so durch" (43), benötigen aber immer wieder die Hilfe von Verwandten. Ihre Schwierigkeiten werden ihnen richtig bewusst, als während eines Urlaubs an der Ostsee Martins EC-Karte vom Automaten eingezogen wird. Einige Tage später geraten die beiden in Panik, als sie ein Schreiben von der Bußgeldstelle erhalten. Martin verliert wegen Geschwindigkeitsüberschreitung seinen Führerschein und muss eine hohe Geldstrafe zahlen. Sie schöpfen aber wieder Mut, und Martin fährt zu den Terminen des folgenden Tages mit dem Zug. Am Abend steht er in Halberstadt vor dem Bahnhof und telefoniert mit Andrea. Dann mischt er sich in ein Gespräch zwischen einer Japanerin – die

eigentlich eine Koreanerin (47) ist – und einem Taxifahrer ein, die Schwierigkeiten haben, sich zu verständigen. Mit seinen Englischkenntnissen bemüht sich Martin, ihr zu helfen. Sie möchte nach Magdeburg oder nach Frankfurt. Da aber an diesem Tag keine Züge mehr dorthin fahren, schlägt er ihr vor, sich ein Hotelzimmer zu nehmen. Davon rät ihr aber der Fahrer eines zweiten Taxis ab, und sie lässt sich stattdessen von ihm nach Magdeburg fahren. Der Fahrer des ersten Taxis gerät daraufhin in Wut, weil er meint, Martin habe ihn um eine lukrative Fuhre gebracht. Trotzdem steigt dieser bei ihm ein, um sich in seine Pension bringen zu lassen. Er hat schlimme Befürchtungen, als der Mann von der üblichen Strecke abweicht und mit hohem Tempo durch dunkle Straßen und schließlich über Feldwege fährt. Plötzlich hält das Taxi aber doch am richtigen Ort. Nachdem Martin bezahlt hat, steht er im Dunkeln vor der Pension.

Kapitel 5 – Zugvögel

Lydia Schumacher arbeitet als Präparatorin im Naturkundemuseum. An einem Montagmorgen wird ihr von Hanni, ihrer Chefin, eine Bekannte vorgestellt. Dr. Barbara Holitzschek erklärt, sie habe auf dem Weg zur Arbeit in der psychiatrischen Klinik Dösen, wo sie als Ärztin tätig ist, einen Dachs überfahren. Sie möchte, dass das Tier im Museum präpariert und ausgestellt wird, damit es „nicht ganz umsonst" war (52). Auf Hannis Bitte fährt Lydia mit Dr. Holitzschek in deren Golf mit, um sich den Dachs anzusehen. Die Ärztin wirkt angegriffen. Sie niest und schnäuzt sich laufend, und sie hält Lydia einen langen Vortrag über Tiere, die durch Gefangenschaft, falsche Behandlung und Umweltzerstörung leiden. Die Fahrt kommt wegen einer Baustelle und dichten Verkehrs nur langsam voran, und hinter Serbitz stauen sich die Autos an einem Unfallort. Hier hält Barbara an und steigt aus. Lydia folgt ihr in der Annahme, sie könne nun den Dachs in Augenschein nehmen. Aus der Entfernung sieht sie, wie Barbara mit einem Polizisten spricht. Später erklärt diese, der Polizist habe sie nicht durch die Absperrung gelassen. Man habe

> Barbara und Lydia auf dem Weg zum Unfallort

auch keinen toten Dachs in der Nähe gefunden und würde das Museum anrufen, sollte dies noch geschehen. Auf dem Rückweg, auf dem sie einen Krankenwagen sehen, der die Unfallstelle ohne Blaulicht verlässt, übernimmt Lydia das Steuer, weil Barbara am Straßenrand hingefallen ist und sich das Knie aufgeschlagen hat. Sie wirkt auch völlig apathisch, und Lydia kann ihr nur mit Mühe ihre Adresse entlocken. Nachdem sie Barbara vor ihrer Haustür abgesetzt hat, kehrt sie zu Fuß ins Museum zurück. Hanni versucht, Lydia in ein Gespräch zu verwickeln. Schließlich fragt sie nach dem Dachs, erhält aber keine Antwort. Als Lydia bemerkt, dass sie aus Versehen Barbaras Autoschlüssel mitgenommen hat, verlässt Hanni wütend den Raum.

Kapitel 6 – So viel Zeit in einer Nacht

Tom und Billi sind zwei alte Bekannte von Lydia, die nach der Wende geerbt haben und nun ohne wirtschaftliche Sorgen sind. Sie haben sich ein Haus auf dem Land gekauft, in dem sie ihre Zwillinge großziehen und Tom Holzskulpturen herstellt. Auf dem Weg zu Toms Geburtstagsfeier verirren sich Lydia und ihr Freund Patrick – ein Arbeitskollege von Danny – im Dunkeln. Sie nehmen eine falsche Abfahrt, finden mehrmals nicht die richtige Abzweigung und treffen erst ein, als das Fest sich schon dem Ende zuneigt. Der einzige Gast, den die beiden kennen, ist Enrico Friedrich, der aber betrunken in Billis Bett schläft. Das Gespräch dreht sich um Toms künstlerische Entwicklung und um Danny, die den Sohn ihrer Schwester Andrea aufgenommen hat. Diese ist bei einem Unfall mit Fahrerflucht ums Leben gekommen. Um halb zwei verabschieden Patrick und Lydia sich und treten den Heimweg an. Lydia schläft auf dem Beifahrersitz ein und bekommt so zunächst nicht mit, wie ihnen ein Wagen folgt, der dicht auffährt und Patrick durch Auf- und Abblenden irritiert. Durch starkes Beschleunigen gelingt es ihm, den Verfolger vorübergehend abzuschütteln. Er wird wieder eingeholt, als er an einem beschrankten Bahnübergang warten muss, wo Lydia aufwacht. Hier

> Patricks und Lydias Irrfahrt

fährt der Unbekannte direkt auf Patricks Auto auf und versetzt ihm Stöße, so dass es auf die Gleise geschoben zu werden droht, während gerade ein langer Güterzug vorüberfährt. Die Situation bleibt bedrohlich, bis schließlich eine Tankstelle auftaucht. Immer noch mit hoher Geschwindigkeit nimmt Patrick die Einfahrt, die der „Verrückte" (70) hinter sich lässt. Im Tankstellen-Shop macht sich Lydia mit einer feuchtfröhlichen Runde von angehenden Steuerberatern bekannt, die dort auf ein Taxi warten. Sie trinkt mit ihnen Jim Beam und kauft in dem Laden ein. Als beide wieder im Auto sitzen, wirft Lydia Patrick vor, er habe sich in der gefährlichen Situation am Bahnübergang nicht um sie gekümmert. Sie habe sich vollkommen schutzlos gefühlt. Er fährt wieder los, nachdem er sich im Rückspiegel versichert hat, dass ihnen niemand folgt.

Kapitel 7 – Sommerfrische

Renate und Ernst in Neugebauers Wochenendhaus

Renate und Ernst Meurer sind in ein Dorf im Harzvorland gereist, wo ihnen Renates Chef Neugebauer ein Wochenendhaus überlassen hat. Sie will wochentags wegen der Arbeit nach Altenburg zurückfahren, während ihr arbeitsloser Mann den gesamten Sommer über dableiben soll. Das Haus ist vernachlässigt und hat einen ungepflegten Garten. Außerdem haben Unbekannte eine Fensterscheibe mit einem Stein eingeworfen. Renate zeigt sich wesentlich engagierter beim Putzen und Herrichten als Ernst, der sich vor dem Haus ekelt. Er ist sich im Unklaren über die Motive für Neugebauers Großzügigkeit. Möglicherweise will er sich Ernsts Schweigen erkaufen, denn er hat etwas über seine Rolle in der DDR zu verheimlichen, was die Meurers wissen. Es stört Ernst auch, dass Neugebauer bereits wieder als Steuerberater Erfolg hat. Er selbst wurde „in der Zeitung ausgeschmiert" (79), weshalb er sich ständig vor Beschimpfungen und Bloßstellungen fürchtet und die Öffentlichkeit meidet. Dies gilt auch in dem Dorf, wo er nicht weiß, ob die Bewohner über Neugebauers frühere Funktion im Bilde sind. Nachdem Ernst Renate zum Bus begleitet hat, wandert er ziellos durch die Gegend.

Unterwegs fährt ein Traktor an ihm vorbei, von dessen Anhänger ihm ein Mann etwas zuruft, das er nicht richtig versteht. Er gelangt schließlich auf eine Anhöhe, von welcher aus er die gesamte Gegend überblicken kann. Diese kommt ihm unattraktiv vor, die gesamte Reise scheint keinen Sinn zu ergeben. Als er wieder in Neugebauers Haus ist und die eingeworfene Fensterscheibe betrachtet, wird ihm plötzlich klar, dass ihm der Mann auf dem Anhänger eine Beleidigung zugerufen hat. In der Nacht kann er lange nicht schlafen und meint immer wieder, das Geräusch von splitterndem Glas zu hören.

Kapitel 8 – Der Atem an meinem Hals

Kurz vor Mitternacht klingelt bei Barbara das Telefon. Hanni entschuldigt sich, weil sie ihre alte Schulkameradin geweckt hat, legt aber trotzdem nicht auf. Im Hintergrund sind Stimmen zu hören. Hanni, die angetrunken ist, sagt, sie feiere Geburtstag und habe bei einem Spiel verloren. Das bedeute, dass sie nun eine Person anrufen müsse, die sie einmal geliebt habe, ohne es ihr zu gestehen. Sie habe Barbara früher bewundert und sich gewünscht, ihre alleinige Freundin zu sein. Hanni beneidet die andere um ihr jetziges Leben als Ehefrau eines erfolgreichen Politikers; sie findet, Barbara sei immer noch „was Besondres" (87). Ihr fünfunddreißigster Geburtstag verursacht bei Hanni „die Krise, echt Panik" (88). Mittlerweile ist sie nicht mehr Chefin des Naturkundemuseums, sondern schreibt für ein Anzeigenblatt die Ratgeberecke. Sie fühlt sich einsam und verlassen, vor allem seit ihre sechzehnjährige Tochter Sarah zu ihrem Vater ziehen will. Als Hanni auf die letzte Begegnung der beiden und auf den Dachs zu sprechen kommt, entsteht ein „Alptraum von Pause" (91). Zum Schluss versprechen sie sich gegenseitig, einmal wieder zu telefonieren und sich zu treffen. Während des Gesprächs ist Barbaras Mann Frank in das Zimmer gekommen. Er versucht ihre Aufmerksamkeit mit Zärtlichkeiten zu erregen, auf die sie nicht anspricht. Nachdem sie aufgelegt hat und neben ihm im Bett liegt, fürchtet sie sich vor Schlaflosigkeit

Hannis Anruf bei Barbara

Frank

und denkt an ihre Mutter, um die sie sich mehr kümmern muss. Plötzlich flüstert sie Frank zu, sie habe jemand umgebracht; dieser reagiert nicht, ob er schläft oder noch wach ist, bleibt offen. Dann hängt sie weiter ihren Gedanken über durchwachte Nächte und das Älterwerden nach.

Kapitel 9 – Dispatcher

Raffael war vor der Wende Fahrdienstleiter für den Personennahverkehr in Altenburg und den benachbarten Kreisen. Früher lautete seine Berufsbezeichnung „Dispatcher". Nun ist er selbstständiger Taxiunternehmer. Er hat einen Freund, den aus Kuba stammenden Maschinenbau-Ingenieur Orlando, als Fahrer beschäftigt, aber schon nach fünf Wochen wurde dieser von einem Betrunkenen mit einem Messer in den Rücken gestochen. Nun ist Orlando aus dem Krankenhaus entlassen und steht bei Raffael vor der Tür. Er bittet darum, wieder eingestellt zu werden, aber Raffael macht sich Sorgen um Orlandos Sicherheit. Er empfiehlt ihm, lieber in einer Großstadt Taxi zu fahren, wo ein rassistisch motivierter Vorfall weniger wahrscheinlich sei. Bei seinen Fähigkeiten und Abschlüssen sei Orlando als Taxifahrer ohnehin überqualifiziert. Außerdem macht Raffael deutlich, dass er momentan keine freie Stelle habe, und er schildert die vielen Schwierigkeiten, die er als Unternehmer meistern müsse. Es macht ihm zu schaffen, dass ihn alle für „den großen Macker" (99) zu halten scheinen, obwohl sein Geschäft schlecht läuft und er unter Existenzängsten leidet. Orlando ist allerdings hartnäckig und lässt sich nicht abwimmeln. Er zeigt Raffael sogar seine Operationsnarbe, um zu beweisen, dass sie gut verheilt und er wieder einsatzfähig ist. Dabei wird aber deutlich, dass er noch Schmerzen hat. Als Orlando wieder zu Hause ist, ruft er gleich bei Raffael an, der ihn nun bittet, am nächsten Tag vorbeizukommen und sich den Computer anzuschauen, der nicht mehr funktioniert. Orlando kommt wieder auf seine Bitte zurück, und Raffael lehnt schon nicht mehr eindeutig ab.

Orlandos Bitte an Raffael

2.2 Inhaltsangabe

Kapitel 10 – Lächeln

Martin Meurer ist arbeitslos und lebt allein; es ist mittlerweile April 93. Ein Jahr nach dem Unfalltod seiner Frau Andrea im Oktober 91 ist sein Sohn Tino zu seiner Schwägerin Danny gezogen. Eines Tages bietet sein früherer Nachbar Thomas Steuber ihm Geld dafür an, einen BMW für ihn aus der Nähe von München zu überführen. Martin sagt zu und benutzt die Gelegenheit, Kontakt zu seinem leiblichen Vater aufzunehmen, der in München lebt und den er seit vierundzwanzig Jahren nicht mehr gesehen hat. Hans Reinhardt war 1969 ohne seine Familie aus der DDR geflüchtet und hatte es im Westen zum Oberarzt gebracht. Nun leidet er unter Lähmungserscheinungen als Folge eines Schlaganfalls. Er ist aber in der Lage, sich mit Martin in einem Café am Englischen Garten zu treffen. Dort beklagt er, dass Renate damals nicht mit ihm gehen wollte und mit den Kindern in der DDR blieb. Besonders habe er darunter gelitten, dass ausgerechnet der „rote Meurer" (110) seine Stelle einnahm. Anschließend hält er dem Sohn einen Vortrag darüber, wie er nach mehreren schweren Schicksalsschlägen trotzdem die Kraft fand, von vorn zu beginnen. Zwei Jahre nach dem Schlaganfall habe ihn seine zweite Frau Nora wegen eines Predigers verlassen. Er habe feststellen müssen, dass er sich in ihr getäuscht habe und dass sie nur auf sein Geld aus gewesen sei. Kurz darauf habe er aber zum Glauben gefunden und Jesus Christus helfe ihm, seine Einsamkeit zu überwinden. Hans Reinhardt rät dem Sohn, seinem Beispiel zu folgen. Martin ist sehr beeindruckt von dem Vater. Im Verlauf des Gesprächs gesteht er ihm sogar, dass er sich Andreas Tod insgeheim gewünscht habe. Zum Abschied schenkt ihm der Vater zwei Topflappen, denen Martin zu Hause einen Ehrenplatz an seinem Herd einräumt.

> Martins Begegnung mit seinem leiblichen Vater

2.2 Inhaltsangabe

Kapitel 11 – Zwei Frauen, ein Kind, Terry, das Monstrum und der Elefant

Edgar ist mittlerweile wieder mit Danny zusammen, er gibt seine Wohnung in der Stadt auf und zieht mit Danny und Tino in eine gemeinsame Wohnung in den grünen Vorort Südost.

Umzug Edgars, Dannys und Tinos in die gemeinsame Wohnung

Danny ist inzwischen arbeitslos. Sie wurde von Christian Beyer entlassen, mit der Begründung, dass ihr Freund Edgar bei der Konkurrenzzeitung arbeite und sie für ihn spionieren könnte. Edgars Stimmung ist schon während des Umzugs getrübt, weil sich Danny seiner Meinung nach nicht genug um ihn kümmert. Sie ist stark auf Tino fixiert. Dieser spricht nicht mit Edgar und behindert das Zusammenleben durch sein schwieriges Verhalten. So versteckt er zum Beispiel den Autoschlüssel im Eisfach des Kühlschranks. Den Wagen für den Umzug hat Edgar sich von Utchen geliehen, die in einem Imbiss arbeitet und mit der er über seinen Frust reden kann. Auf dem Weg von Dannys Wohnung nach Südost holt er Utchen gelegentlich zu einem Seitensprung ab. Zu diesem Zweck fahren sie mit dem beladenen Ford Transit zu einem entlegenen Schuttabladeplatz und nutzen Dannys Einrichtungsgegenstände als Unterlage. Dabei verhält sich Edgar bewusst rücksichtslos und hinterlässt Spermaflecken auf ihrem Teppich und ihrem Ohrensessel. Nach dem letzten Treffen findet er in der neuen Wohnung im dritten Stock nur Tinos Hund Terry vor. Durch lautes Bellen vom Balkon stört dieser die Nachbarschaft und verstärkt Edgars Reizbarkeit. Sein Groll steigert sich noch, als er bemerkt, dass Danny seine eigenen Kisten und Kartons auf den Balkon gestellt hat, wo sie von dem Regen, der inzwischen eingesetzt hat, durchnässt worden sind. Er wirft Bratwurststücke über die Balkonbrüstung. Terry schnappt zwar danach, springt aber nicht hinterher, auch nicht, als Edgar wieder vor das Haus geht und versucht, ihn von dort zum Springen zu verleiten. Danny ist entsetzt, als sie gleich nach ihrer Ankunft den Fleck auf dem Teppich bemerkt. Sie glaubt aber, Terry habe sich darauf übergeben.

Kapitel 12 – Die Killer

Im Vorzimmer des Chefs vom „Möbelparadies" treffen die Anzeigenvertreter Pit Meurer und Edgar Körner auf ihren Konkurrenten Christian Beyer – Geschäftsführer, Chefredakteur und Anzeigenvertreter zugleich –, der dort bereits wartet. Sie behaupten, einen Termin zu haben, was die Sekretärin Marianne Schubert – die Ehefrau von „Zeus" – aber bestreitet. Trotzdem sind sie bester Dinge und trumpfen Beyer gegenüber auf. Dieser erträgt ihren Spott schweigend, auch als sie darauf zu sprechen kommen, dass bei seiner Zeitung zuletzt viele Anzeigen nachlässig gedruckt wurden. Durch diese Schlampereien seien viele Kunden zu dem Blatt übergelaufen, welches Pit und Edgar beschäftigt. Insbesondere Pit komme Christian deshalb überall zuvor. Sie machen sich auch über die Artikel lustig, die Beyer selbst verfasst, und erwähnen, dass er vor einiger Zeit Danny entlassen hat. Nach einer Weile geht Edgar aus dem Raum, um Essen zu besorgen. Bevor er zurückkommt, zieht Pit einen Umschlag hervor, der ein sehr großzügiges Angebot enthalten soll. Damit erregt er die Aufmerksamkeit der Sekretärin, die den Brief sofort in das Chefzimmer trägt. Als sie den Vorraum wieder betritt, sind Pit und Edgar bereits gegangen. Christian Beyer pocht nun vergebens auf seinen Termin. Er versucht gute Stimmung zu machen, hilft ihr beim Abtrocknen und bietet einen Rabatt an. Marianne Schubert gibt ihm zu verstehen, dass ihre Firma durch die Nachlässigkeiten beim Druck der letzten Anzeige in seiner Zeitung erhebliche Schwierigkeiten hatte und der Chef sehr verärgert sei. Sie persönlich könne in nächster Zeit ohnehin nichts für ihn tun, weil sie operiert werde. Schließlich schreibt Beyer sein Angebot auf.

> Pit, Edgar, Christian und Marianne im „Möbelparadies"

Kapitel 13 – Du kannst jetzt

Hanni hat das Wochenende mit einem Mann namens Detlef in Frankfurt verbracht, wo sie in einem sehr einfachen Hotel wohnten. Offensichtlich lässt Detlef Hanni über seine Absichten im Unklaren,

2.2 Inhaltsangabe

und sie hat vergeblich darauf gehofft, dass die Reise der Beziehung neues Leben einhauchen würde. Am Sonntagabend ist Hanni wieder in Altenburg und besucht die Schuberts.

Hannis Besuch bei Marianne

Obwohl sie die ältere Marianne nur flüchtig kennt und Dieter Schubert – „Zeus" – nur dem Namen nach, betrinkt sie sich in der Küche des Ehepaars und macht selbst nach ein Uhr keine Anstalten zu gehen. Dieter ist bereits ins Bett gegangen und erregt sich über Hannis Aufdringlichkeit, als Marianne im Schlafzimmer vorbeischaut. Obwohl er Hanni gesagt hat, dass seine Frau am folgenden Tag nach Berlin fahren wird, wo sie wegen ihres Brustkrebses operiert werden soll, rührt sich Hanni nicht von der Stelle. Marianne ist allerdings der Meinung, dass Dieter selbst Hanni zum Bleiben animiert und sie außerdem angestarrt habe. Anschließend geht Marianne wieder ins Wohnzimmer und fängt an, abzuräumen. Dabei setzt Hanni ihren trunkenen Monolog über die Ereignisse der letzten Nacht in Frankfurt fort, in dem es vor allem um die Geräusche geht, die sie zu hören meinte. Noch in der Nacht habe sie plötzlich das Gefühl gehabt, sie besäße „den Lockruf" (144), am Morgen sei dieser aber verschwunden gewesen. In diesem Moment habe sie gewusst, dass sich Detlef für sie „erledigt hatte" (144). Hanni will Marianne umarmen, aber diese bleibt zurückhaltend und bringt die Besucherin dazu, ins Bad zu gehen. Marianne verbringt noch eine Weile allein in der Küche. Ihre Stimmung ist aufgehellt, weil ihr der Gedanke gekommen ist, dass „früher oder später schließlich alle sterben müssen" (147).

Kapitel 14 – Spiegel

Barbara und Frank werden angepöbelt

Barbara und Frank Holitzschek haben den Abend mit mehreren Bekannten im Ratskeller verbracht. Dabei sind sie von rechtsradikalen Jugendlichen angepöbelt worden. Diese wurden zwar von der herbeigerufenen Polizei vor die Tür gesetzt, warteten aber draußen auf die Runde. Die Holitzscheks mussten sich im Laufschritt in Sicherheit bringen, wobei die angetrunkene Barbara stürzte und sich am Ellenbogen verletzte. Nun sind sie wieder zu Hause und Barbara schminkt sich ab. Sie wirft ihrem Mann vor, dass er wie die anderen Männer in der Gruppe untätig geblieben sei und dass er es erduldet habe, als die Jugendlichen seine Frau sexuell beleidigt hätten. Frank ist der Auffassung, es habe sich nicht um gefährliche Nazis, sondern nur um „arme Schweine" (150) gehandelt. Er lehnt es generell ab, sich zu prügeln, was Barbara von ihm erwartet hätte. Als Barbara ihn auffordert, ihren Schuh, den sie auf der Flucht verloren hat, von der Straße hereinzuholen, reagiert Frank nicht, weil er offensichtlich fürchtet, dass die Jugendlichen noch vor der Tür lauern könnten. Barbara bringt ihre Verachtung für diese Haltung zum Ausdruck und macht Anstalten, selbst die Wohnung zu verlassen. In einem heftigen Ausbruch zerrt er sie zurück und versperrt ihr den Ausgang. In diesem Moment klingelt es an der Tür, woraufhin Frank von Barbara ablässt und heimlich aus dem Badfenster schaut. Nach einer Weile hört er aber die Wohnungstür, und Barbara ruft ihm zu, dass der Schuh wieder da sei. Jemand hat ihn gebracht und auf der Schwelle abgelegt.

Kapitel 15 – Big Mac und Big Bang

Dieter Schubert und Peter Bertram haben gemeinsam ein Zelt an einem Flussufer aufgebaut und angeln Karpfen. Bertram gelingt es, ein besonders großes Exemplar an Land zu ziehen. Schubert macht Fotos, anschließend lassen sie den Fisch frei. Während sie darauf warten, dass wieder ein Karpfen beißt, entsteht ein Gespräch, in dem die Stimmung latent aggressiv ist, vor allem was Bertram betrifft. Dieser hatte vor der Wende einen gehobenen Reservistenposten bei der Grenztruppe und war im zivilen Leben Lehrer – auch noch nach der Wende (vgl. 59) –, wurde dann aber aus dem Schuldienst „entlassen" (159; vgl. auch 254). Über Schuberts Status als „politisch Verfolgter" (159) äußert er sich herablassend. Zusätzlich macht Bertram Schubert Vorhaltungen, dieser sei abgelenkt, weil er nur an die „Nutte" (160) denke, von der er sich ausnutzen ließe. Schubert wiederum deutet

> Peter Bertrams großer Fang

2.2 Inhaltsangabe

an, Bertram sei frustriert und habe es nötig, „Schweinekram" (160) zu schreiben. Er liest aber selbst gern die pornografischen Texte, die Bertram verfasst. Den nächsten Fisch holt Schubert aus dem Fluss. Wieder ist es ein großer Karpfen; beim Wiegen stellt sich zu beider Enttäuschung heraus, dass es derselbe ist, den Bertram geangelt hatte. Bertram setzt den Fisch wieder ins Wasser. Als er an das Ufer zurückkommt, ist Schubert, der sich bereits seit einer Weile unwohl gefühlt und die Brust massiert hatte, schon tot.

Dieter Schuberts Tod

Kapitel 16 – Büchsen

Marianne Schubert hält sich zur Behandlung ihrer Krebserkrankung in Berlin auf. In der Nähe der Klinik trifft sie sich in einem Café mit der Schwesternschülerin Jenny Ritter, an die ein Brief adressiert war, den Marianne in der Reisetasche ihres verstorbenen Mannes gefunden hatte. Es handelt sich um dasselbe Café, in dem Dieter Schubert immer gegessen hatte, wenn er nach Berlin gefahren war, um seine Frau im Krankenhaus zu besuchen, und wo er auch Jenny angesprochen hatte. Marianne bringt ihre Verwunderung zum Ausdruck, dass ein junges Mädchen sich mit Dieter getroffen haben soll. Jenny erzählt, dass er ihr Geld angeboten habe, damit sie sich mit ihm trifft. Während der ersten vier Begegnungen habe Dieter aber nur neben ihr gelegen oder sei mit ihr U-Bahn gefahren. Hauptsächlich habe er erzählen wollen. Sie kennt seine gesamte Lebensgeschichte und weiß, weshalb er verbittert war. Erst bei der fünften und letzten Begegnung sei Dieter plötzlich „pervers" (170) geworden. Mariannes Frage, was er denn getan habe, weicht Jenny aber aus. Nachdem Marianne wieder in die Klinik zurückgegangen ist, macht der Kellner Maik, der das Gespräch heimlich belauscht hat, Jenny Vorwürfe, weil sie die Frau mit dem Verhalten ihres Mannes konfrontiert hat. Jenny fühlt sich aber erleichtert, und ihre Zufriedenheit steigert sich, als sie Dieter Schuberts Brief öffnet und darin fünfhundert Mark findet.

Mariannes Begegnung mit Jenny

2.2 Inhaltsangabe

Kapitel 17 – Schulden

Christian Beyer und Hanni, die in seinem Anzeigenblatt eine Ratgeberkolumne schreibt, sind nun ein Paar und verbringen zusammen einen Urlaub in New York. Sie haben das Apartment eines spanischen Architekten namens Alberto gemietet. Wegen der großen Hitze und Luftfeuchtigkeit können sie kaum etwas unternehmen. Hanni ist außerdem unzufrieden, weil sie sich mehr leisten können will. Aber ihre Möglichkeiten sind beschränkt, denn Christians Kreditkarte wurde gesperrt, und Hanni hat auch nicht viel Geld. Als sie im Bad ist, erscheint der Angestellte eines Maklerbüros. Er behauptet, er hätte den Auftrag, die Wohnung für Alberto zu verkaufen, und müsse Fotos machen. Als er wieder gegangen ist, kommt Hanni aus dem Bad. Sie ist empört darüber, dass Christian einen Fremden hereingelassen hat. Ihre Privatsphäre sei verletzt worden. Außerdem könnte es sich ihrer Meinung nach um einen Verbrecher handeln, der die Wohnung unter einem Vorwand ausspioniert hat. Christian fand das Gespräch mit dem Makler allerdings anregend, und es gelingt ihm auch, Hannis Interesse zu wecken, als er berichtet, dieser sei freundlich und attraktiv. Nachdem Christian auf Albertos Anrufbeantworter gesprochen hat, um von dem Besuch zu berichten, hat sich Hanni endgültig wieder beruhigt.

Christian und Hanni in New York

Kapitel 18 – Der Morgen nach dem Abend

Barbara Holitzschek hat einen Albtraum, der regelmäßig wiederkehrt und in dem eine Radfahrerin möglicherweise durch ihre Schuld tödlich verunglückt ist. Jedes Mal schlägt ein Mann auf sie ein, und sie wird als Mörderin beschimpft und verhaftet. Nach dem Traum muss sie immer darüber sprechen, aber Frank reagiert mit Verständnislosigkeit. Er hat das Gefühl, dass das Leben der beiden durch den Traum zunehmend beeinträchtigt wird, und er findet Barbara rücksichtslos. Ihr Leben ist auch zunehmend komplizierter geworden, weil Barbara,

Barbaras Alptraum

2.2 Inhaltsangabe

seit sie vor zwei Jahren einen Dachs überfahren hat, nicht mehr Auto fährt. Selbst über scheinbar belanglose Dinge geraten sie in Streit, und Barbara wirft Frank vor, er höre ihr nie richtig zu. An diesem Morgen ist der Traum besonders schlimm, und Barbara ist durch nichts zu beruhigen. Am Abend vorher waren die beiden bei „Möchtegern-Dichter" Enrico (191), einem alten Freund Barbaras, eingeladen, bei dem jetzt Lydia wohnt. Frank mag Enrico nicht, den er für einen Versager hält. Er meint, es sei zwischen den beiden Frauen zu einem Streit gekommen, als er selbst auf der Toilette war. Barbara streitet dies aber ab und behauptet, Lydia vorher nur einmal zufällig getroffen zu haben. Der Traum hat Barbara so mitgenommen, dass sie nicht aus dem Bett aufstehen kann, um sich für den Arbeitstag fertig zu machen. Selbst als Frank sie anschreit, bleibt sie liegen.

Barbaras Streit mit Lydia

Kapitel 19 – Ein Wunder

Patricks Besuch bei Enrico

Patrick, der Ex-Freund Lydias, besucht Enrico in seiner Wohnung und bringt als Geschenk eine Flasche Martini mit, die der Gastgeber sofort öffnet. Er schenkt sich laufend nach, während Patrick beim Trinken zurückhaltend ist und sich schweigend anhört, was ihm der zunehmend betrunkene Enrico berichtet. Er erfährt, dass Lydia überraschend wieder ausgezogen ist, was Enrico sehr bedauert, da sie seine Wohnung in kurzer Zeit verschönert habe und das Zusammenleben mit ihr die „reinste Harmonie" (199) gewesen sei. Nach dem Besuch von Frank und Barbara Holitzschek habe Lydia mitten in der Nacht ihre Sachen gepackt und sei gegangen. An dem betreffenden Abend habe Frank laufend nach ihr geschielt und sich lobend über ihre Beine geäußert. Während der Politiker auf der Toilette war, sei es zu einem Streit der beiden Frauen gekommen, dessen Hintergrund Enrico unverständlich blieb. Es habe sich um einen Dachs und einen tödlichen Unfall gedreht. Lydia habe Verständnis für Barbaras Fahrerflucht bekundet, diese jedoch habe Lydia aber schreiend der Lüge bezichtigt. Anschließend dreht sich Enricos Monolog wieder um sein kurzes Zusammenleben mit Lydia. Er äußert Mitgefühl für Patrick, gibt aber endgültig seine Zurückhaltung auf, indem er ihm vorhält, dass Lydia ihn verlassen habe, um sich ihm, Enrico, zuzuwenden. Der inzwischen volltrunkene Enrico erzählt schließlich noch eine Geschichte über ein im Bad heruntergefallenes Handtuch, das eine „Meister Proper"-Flasche umgeworfen und unter sich begraben hatte. Als er das Handtuch aufgehoben habe, sei die Flasche wie von selbst mit aufgestanden. Dieses „Wunder" (202) habe Lydia nicht gesehen, was für Enrico erklärt, weshalb sie nicht doch geblieben ist. Dass Patrick ihn anschließend anschreit, ob er mit Lydia geschlafen habe, und dass Patrick Enricos Kopf gegen den Tisch schlägt, bekommt Enrico in seinem Rausch kaum noch mit.

Kapitel 20 – Kinder

Edgar und Danny, die noch immer arbeitslos ist, sind mit dem Auto unterwegs zum Scharmützelsee, wo sie allein einen zweiwöchigen Urlaub verbringen wollen. Vor der Abreise hat Tino einen Wutanfall bekommen. Während der Fahrt gibt sich Danny reizbar und unzugänglich. Die Unternehmung steht für Edgar außerdem unter schlechten Vorzeichen, weil ihm die Fahrt auf der alten Autobahn Rückenschmerzen verursacht. Dannys Fahrweise verschlimmert seine Beschwerden. Er würde gerne selbst das Steuer übernehmen, wozu ihm Danny aber nicht die Gelegenheit gibt. Im Laufe der Fahrt kommt der schwelende Konflikt zwischen den beiden zum Ausbruch, ohne dass über die eigentlichen Ursachen direkt gesprochen würde. Danny fühlt sich für Tino verantwortlich und kümmert sich außerdem um ihr Patenkind Lucas, einen der Zwillinge von Tom und Billi. Sie macht sich Gedanken über Erziehung und sucht Rat in psychologischer Literatur. Edgar hätte lieber eigene Kinder und glaubt im Übrigen, die Probleme mit Tino und den Zwillingen hätten ihre Ursache darin, dass ihnen keine Grenzen gesetzt würden. Er erfindet schließlich eine Geschichte über zwei unerzogene Kinder und stellt einen Zusammenhang zwischen fehlenden Regeln und dem „Ab-

> Edgars und Dannys Fahrt in den Urlaub

2.2 Inhaltsangabe

schlachten" (211) im jugoslawischen Bürgerkrieg her. Dadurch fühlt sich Danny hochgradig provoziert. Sie fährt bereits am nächsten Tag nach Hause, zieht aus der gemeinsamen Wohnung aus und bricht den Kontakt zu Edgar ab. Edgar verliert ein halbes Jahr danach seine Stellung als Anzeigenverkäufer; später findet er eine Tätigkeit als Kraftfahrer bei einer Spedition. Er träumt weiterhin von einem Glück mit Danny, die mittlerweile mit ihrem ehemaligen Arbeitskollegen Patrick – Lydias Ex-Freund – liiert ist, unternimmt aber nichts, um sie zurückzugewinnen.

Kapitel 21 – Nadeln

Martin Meurer wohnt seit einer Woche in der ehemaligen Hausmeisterwohnung unter dem Dach einer aufwendig renovierten Jugendstilvilla, in der sich zu DDR-Zeiten ein Kindergarten befand. Der Besitzer Thomas Steuber bewohnt zwei Etagen. Dessen besondere Liebe gilt dem Garten und vor allem dem Moos, das dort zwischen den Kiefern wächst. Seinem Mieter gegenüber erweist er sich als großzügig. Trotz der scheinbaren Idylle und seiner neuen Hinwendung zum Glauben wirkt Martin angespannt. Besonders stört ihn das laute Geräusch des Sicherungskastens, das ihn an das Ticken des Zeitzünders einer Bombe denken lässt. Eine Woche nach seinem Einzug erhält er erstmals Besuch. Tahir,

Tahirs Besuch bei Martin

ein Bosnier, dem Martin offensichtlich unter die Arme greifen will, bringt als Geschenk drei kleine Zierfische in einer Mineralwasserflasche mit, die Martin in eine Plasteschüssel umsetzt. Tahir gibt vor, er habe eine Frau namens Fadila bei Martin vermutet. Dieser kennt sie aber gar nicht persönlich und hielt sie bislang für Tahirs Verlobte. Er ist vollends befremdet, als Tahir ihm ein Foto der Frau zeigt und ihn fragt, ob er sie nicht heiraten will. Der Gast interessiert sich für ein Bild, das Martin als Student im Kreis seiner Kommilitonen zeigt. Martin schildert, was aus einigen von ihnen geworden ist. Für alle bedeutete die Wende das Ende der Laufbahn als Kunsthistoriker. Einige sind verwahrlost, und einer ist im Vollrausch tödlich verunglückt. Schließlich bittet Martin Tahir, ihm bei der Reinigung des Wellplastedachs über seinem Balkon zu helfen. Der Dreck fällt auf Kinderspielzeug, das im Garten liegt. Damit erregen sie den Zorn einer Frau, die das Spielzeug zwischen die Bäume auf das Moos wirft. Nun wird auch Thomas Steuber auf den Plan gerufen, der die Gegenstände wutentbrannt in die Gegend schleudert. Martin wirkt verstört und kauert sich an die Wand. Anschließend verlässt er mit Tahir die Wohnung.

Kapitel 22 – Vorbei ist vorbei

Ernst Meurers Wohnung ist von der Polizei gestürmt worden, weil er im Treppenhaus Drohungen ausgestoßen und einen Schuss

> Ernsts Einlieferung in die Psychiatrie

aus einer Gaspistole abgefeuert hat. Anschließend wurde er ruhig gestellt und in die Psychiatrie im Parkkrankenhaus Dösen eingeliefert. Dort sitzen nun Renate und Martin Dr. Barbara Holitzschek gegenüber und berichten über die Geschichte der Familie und über Ernsts Niedergang seit der Wende. Renate sagt, dass Ernst ein guter Ehemann und Familienvater gewesen sei. Auch politisch habe er sich nie als „Scharfmacher" (232) betätigt, nicht einmal in Dieter Schuberts Fall – hier erzählt Renate die Geschichte von Ernst und Dieter: In der DDR war Ernst Schulleiter und hat 1978 den Lehrer Dieter auf Anweisung „von ganz oben" (232) aus dem Schuldienst entlassen. Dieter Schubert musste daraufhin „in der Braunkohle"

> Marianne berichtet Barbara über Ernsts Leben

(232) arbeiten. Es habe Ernst getroffen, dass ausgerechnet er nach der Wende in aller Öffentlichkeit als Repräsentant der Partei und sogar als Stasi-Mitarbeiter gebrandmarkt worden sei. Man habe ihn „zum Abschuß" freigegeben (235), während ehemals Mächtigere nun wieder gute Posten bekleideten und Geschäfte machten. Der Vorfall mit Schubert während der Italien-Reise und die Tatsache, dass sein Enkel Tino nicht mit ihm rede, hätten Ernsts Verfall beschleunigt. Im Zusammenhang mit Tino kommen Renate und Martin auch auf

2.2 Inhaltsangabe

Andreas Unfall[6] zu sprechen, was die Ärztin deutlich aufmerken lässt. Renate sagt, sie habe schon länger gewusst, dass Ernst „einen Knacks" (236) habe. Ihrer Meinung nach müsse es weitergehen, aber diese Einstellung habe sie ihrem Mann nicht vermitteln können. Vielmehr behindere er sogar Renates eigene Versuche, sich der neuen Wirklichkeit zu stellen. Dass er ihren Chef Neugebauer wegen dessen politischer Vergangenheit unter Druck setzte, führte ihre Entlassung herbei. Später nannte er sie eine „Verräterin" (236), weil sie eine Stelle in Stuttgart annahm und ihn seither wochentags allein lassen muss. Nachdem Renate und Martin das Krankenhaus verlassen haben, gehen sie zur Bushaltestelle. Renate rät Martin von seinem Plan ab, Ernst bei sich wohnen zu lassen. Sie sähe es lieber, ihr Sohn würde sich wieder eine Frau suchen und sich nicht mit dem Stiefvater belasten. Sie selbst hat sich neu verliebt und will sich scheiden lassen. Statt auf den Bus zu warten, stellt sich Renate plötzlich an die Straße und hält einen Arm heraus in der Hoffnung, einer der vorbeifahrenden Wagen werde für sie anhalten.

Kapitel 23 – Sendeschluss

Christian wird erpresst und gibt den Druck an Hanni weiter

Christian Beyer steckt in Schwierigkeiten, weil ein Wirtschaftsprüfer in seiner Firma Unregelmäßigkeiten entdeckt hat. Er glaubt, nichts Ungesetzliches getan zu haben. Das Fehlen von Belegen und das „Chaos" in seiner Buchhaltung (250) führt er nur auf Fehler von Mitarbeitern zurück, auf die er sich verlassen habe. Trotzdem droht ihm ein Verfahren wegen Unterschlagung und das Ende seiner Zeitung. Allerdings könnte er das Unheil noch abwenden: Der zuständige Prüfer hat Christian angeboten, die Angelegenheit als erledigt zu betrachten, wenn im Gegenzug Christians Freundin Hanni ihn in seinem Hotelzimmer aufsucht und mit ihm schläft. Als er ihr davon berichtet, ist Hanni entsetzt und weint. Den Eindruck, er

---

6   Hier täuscht sich Marianne im Todesjahr Andreas, wenn sie Oktober 1992 angibt: Vorher spricht Martin vom Oktober 1991 (104), und auch die im Roman angegebenen anderen Daten sprechen für das Jahr 1991.

würde so etwas tatsächlich von ihr erwarten, weist Christian empört zurück. Sie schließt sich für längere Zeit im Badezimmer ein, und als sie wieder herauskommt, hat sie sich dazu durchgerungen, auf die Erpressung einzugehen. Christian unternimmt nur halbherzige Versuche, sie von ihrem Vorhaben abzuhalten. Hanni geht wieder ins Bad, und Christian zieht sich aus, setzt sich nackt auf das Ledersofa und schläft beim Fernsehen ein. Nach zwei Stunden wird er durch das Klingeln des Telefons geweckt. Am anderen Ende hört er aber nur Musik im Hintergrund, bevor wieder aufgelegt wird. Christian sucht in der ganzen Wohnung nach Hanni, die aber nicht da ist. Danach lässt er sich wieder auf der Couch vor dem Fernsehapparat nieder und legt Hannis Sofadecke über sich.

Kapitel 24 – Vollmond

In einem Saal des Restaurants „Toscana" findet eine Betriebsfeier des Anzeigenblattes statt, bei dem Pit Meurer beschäftigt ist. Für Pit ist es ein Rätsel, weshalb an Edgars Stelle inzwischen Peter Bertram eingestellt wurde und warum dieser von Kuzinski, dem Besitzer der Zeitung, „wie ein rohes Ei" (255) behandelt wird. Um halb eins ist die Feier beendet. Pit und Bertram gehen aber noch nach vorn in das Restaurant und trinken gemeinsam weiter. Eine halbe Stunde später ist außer ihnen nur noch eine Frau – es ist Hanni – geblieben, die weint und sich zügig betrinkt. Bertram kennt sie flüchtig aus der Zeit, als sie noch Chefin im Naturkundemuseum war, und er weiß, dass sie die Freundin des Konkurrenten Beyer ist. Hanni geht zweimal zum Telefon. Beim ersten Mal bückt sie sich nach einer heruntergefallenen Münze, und Pit und Bertram „stierten" (256) auf den pinkfarbenen Slip, den sie dabei entblößt. Der Anblick animiert Bertram zu einem Plan. Er will die Lage der volltrunkenen Hanni ausnutzen und sie mitnehmen. Es soll ein „‚Spaß, für alle drei'" (257), werden; aber Pit, dem Hanni gut gefällt, fühlt sich dabei unbehaglich. Bertrams Vorhaben wird durch das plötzliche Erscheinen Marianne Schuberts

> Die Betriebsfeier – Pit und Peter

> Marianne holt Hanni ab

vereitelt, die kommt, um Hanni abzuholen. Bertram ist von der Verbindung zwischen Hanni und Marianne überrascht, nun kann er sich erklären, warum alle Anzeigen des „Möbelparadieses" nie an seine Zeitung, sondern an die von Christian Beyer gingen. Nachdem Marianne Hannis Rechnung bezahlt hat, trägt der Wirt die Betrunkene zum Auto. Während Bertram sich verabschiedet, gibt Pit vor, in die gleiche Richtung fahren zu müssen, und begleitet die Frauen. Er trägt Hanni in Mariannes Wohnung hoch. Während Hanni schläft, bringt Marianne das Gespräch auf Pits Stiefvater Ernst Meurer, der einmal das Leben ihrer Familie so massiv beeinflusst hatte. Als Hanni aufwacht, stellt Marianne sie Pit vor. Drei Monate später heiraten Hanni und Pit. Marianne sorgt auch dafür, dass Pits Zeitung von nun an die Anzeigen ihrer Firma erhält. Zu ihrer Verärgerung überlässt er Peter Bertram die Provision. Er glaubt zunächst, sich damit „freizukaufen" (263), sieht aber bald ein, dass dies nicht möglich ist, denn Schuld verspürt er eigentlich nicht Bertram, sondern Hanni gegenüber.

Kapitel 25 – Mein Gott, ist die schön!

Edgar, Maik und Jenny

Edgar hat auf einer seiner Lkw-Touren die beiden Anhalter Maik und Jenny kennengelernt, die mit dem Rucksack durch Frankreich unterwegs sind. Sie sagen Edgar, dass man ihnen das gesamte Geld gestohlen habe. Er nimmt sie nach Deutschland mit. Nun sitzt er mit ihnen in einer Raststätte und lädt sie zum Essen ein. Auch ein Zimmer für die Nacht hat er ihnen gemietet. Jenny lauscht gespannt den Geschichten, die

Edgars Erzählungen

Edgar erzählt. Ihre Nachfragen animieren ihn dazu, ein Erlebnis vorzutragen, bei dem er sich in einem dunklen Kino in eine Frau aufgrund ihres Lachens verliebte. Später stellte sich heraus, dass die Frau debil war. Während Jenny fasziniert ist, bringt Maik deutlich seinen Missmut zum Ausdruck. Er glaubt auch, Edgar blicke auf ihn herab, weil er von Beruf Kellner ist. Nachdem Jenny und Maik in ihr Zimmer gegangen sind, macht die Bedienung Brit, zu der Edgar ein persönliches

Verhältnis hat, ihm Vorhaltungen. Sie ist befremdet darüber, dass Edgar sich um „die Kinder" (268) bemüht, welche sie außerdem nicht so unschuldig findet wie er. Seine Großzügigkeit empfindet Brit als unangemessen, und sie vermutet, dass er die junge Jenny attraktiv findet und es genossen hat, ihr Vertrauen zu gewinnen. Edgar kündigt an, dass er gleich wieder auf die Autobahn will, und hinterlegt Geld, damit Jenny und Maik am Morgen noch ein Frühstück bekommen. Als er gerade gehen will, erscheint Maik wieder im Restaurant mit Rucksack und Zimmerschlüssel. Er will sich zwischen zwei Männern hindurchzwängen, die sich gegenüberstehen und anschreien. Dabei wird Maik an der Hand verletzt und blutet heftig. Während er von Menschen umringt ist und die Kellnerinnen ihn verbinden, drängt sich Edgar nach vorn und ruft Maik zu, er sei ein Idiot. Dieser lacht auf und wirft Edgar den Schlüssel vor die Füße.

Kapitel 26 – Blinking Baby

Lydia hat sich nach ihrer „Flucht" (275) aus Altenburg eine Wohnung in Berlin genommen. Sie will nun Ordnung in ihr Leben bringen. Eine Etage unter ihr wohnen aber vier junge Leute, die sie immer wieder aus ihrer Ruhe aufstören. Jenny, Maik, Alex und Jan nehmen Drogen und verbringen ihre Nächte in einem „Tanzbunker" (274); ihre Beziehungen sind völlig unstet und chaotisch. Sie besuchen Lydia manchmal und nehmen Anteil an ihrem Leben. Weil sie sich nicht vorstellen können, dass jemand gerne allein lebt, geben sie eine Kontaktanzeige für Lydia auf und schlagen ihr vor, sie solle an ihren Ex-Freund Patrick schreiben. Lydia hegt andererseits mütterliche Gefühle für die vier und hört sich ihre Sorgen an. Dabei achtet sie darauf, dass das Verhältnis nicht zu eng wird. Deshalb lehnt sie ab, als Jan sie bittet, für ein paar Tage bei ihr einziehen zu dürfen, weil es mit ihm und Alex aus sei (eine Aussage, die sich auch schnell als voreilig herausstellt). Am selben Tag kommt Jenny zu Lydia herauf und berichtet ihr, dass Maik packe, da sie ihm gesagt habe, er solle ausziehen, und sie erzählt vom unerfreulichen Verlauf ihrer

Lydias Leben in Berlin

2.2 Inhaltsangabe

Jennys Besuch bei Lydia

Frankreich-Reise, die nach nicht einmal einer Woche vorzeitig ihr Ende fand, unter anderem wegen Maiks Eifersucht und Unterstellungen. Diese seien ein Problem, seit sie ihm einmal von ihrer Beziehung zu einem älteren Mann – Dieter Schubert – berichtet habe, der ihr immer Geld gab. Zwischen ihnen sei damals nichts vorgefallen, denn „irgendwie gings nicht bei ihm", aber der Mann habe sie enttäuscht, weil er ihr plötzlich eine „schweinische Geschichte" vorgelesen habe (279). Bald darauf fällt Jenny Lydia um den Hals und weint. Als es dann an der Tür klingelt, geht Jenny hinaus und verschwindet, ohne sich zu verabschieden. Später klingelt es noch einmal, und auf dem Abtreter steht die Signallampe, die Alex und Jan in der Nacht zuvor aus einer Baugrube gestohlen haben. Lydia stellt die Lampe in die Küche und hofft, dass sie eine beruhigende Wirkung hat. Dabei denkt sie an ihre Mutter und an den Vater, der sie als Kind missbraucht hat.

Kapitel 27 – Der falsche Mann

Patrick verlässt Danny wegen Lydia

Patrick lebt mit Danny zusammen, hat aber weiterhin immer auf Lydia gehofft. Nun ist ein Brief von ihr eingetroffen, und er ist im Begriff, bei Danny wieder auszuziehen und zu Lydia zurückzukehren. Im Wohnzimmer kommt es zu einer Abschiedsszene, bei der Danny ihr Unverständnis über Patricks Verhalten zum Ausdruck bringt und ihre Verzweiflung darüber, dass sie „so einen" (291) liebt. Sie macht sich auch Sorgen um Tino, der ein gutes Verhältnis zu Patrick hat und an ihm hängt. Vor allem wirft Danny ihm vor, er habe ihr immer in taktloser Weise von seiner Beziehung zu Lydia berichtet. Sie habe darin laufend „Liebeserklärungen" (290) an die andere erkannt. Dabei würde Patrick nicht nachdenken und nicht erkennen, dass Lydia „krank" sei (290). Dafür spreche zum Beispiel, dass sie ihn verlassen habe, weil er sich abfällig über die nach Dannys Meinung leeren Selbstmorddrohungen von Lydias Freund Enrico geäußert habe. Inzwischen kümmert sich Patrick um Enrico, und Danny hat ihm sogar schon einmal die Wäsche gewaschen, obwohl sie sein Verhalten rücksichtslos und selbstmitleidig findet. Patrick beteuert, dass es ihm leidtue, vermutet aber, dass Lydia sein „Schicksal" (291) ist. Als er gegangen ist, kommt Tino im Schlafanzug ins Zimmer, und Danny muss ihn wieder ins Bett bringen. Tinos Hund Terry nutzt die Gelegenheit und springt auf den Tisch, um die Reste des Abendessens zu verschlingen.

Kapitel 28 – Schnee und Schutt

Raffaels Taxiunternehmen läuft inzwischen so gut, dass er mit seiner Frau Petra und dem Sohn David in ein besseres Viertel umziehen konnte. Zwei Stockwerke über ihnen wohnt Enrico Friedrich, der sich nun eingedeutscht Heinrich nennt. Er ist dauernd betrunken und sorgt durch sein exzentrisches Verhalten für Aufregung. Als Petra und Raffael eines Tages spät nach Hause kommen, begegnet er ihnen im Bademantel vor dem Haus, wo er seine Katze an der Leine ausführt. Er hat ein Schienbein in Gips und erklärt, sein Kohleofen sei ihm umgekippt, als er versucht habe, ihn aus der Wohnung zu schaffen. Einige Wochen später passt er Petra im Treppenhaus ab und äußert seine Absicht, sich ein Bein zu brechen. Er meint, sie könne ihm mit ihren Sachkenntnissen als Biologielehrerin dabei behilflich sein. Raffael vermutet, dass es Friedrich nur darum geht, weiter krankgeschrieben zu werden. Trotzdem ist Petra völlig verängstigt. Deshalb versucht Raffael, ihn zur Rede zu stellen, was missgelingt, weil Friedrich die Tür nicht öffnet und sich danach wochenlang völlig zurückzieht. Raffael sieht den Nachbarn erst wieder, als dieser eines Tages an seiner Tür klingelt und ihm ein Manuskript überreicht. Petra und Raffael machen sich an die Lektüre, finden den Roman aber vollkommen unverständlich. An den folgenden Tagen erleben sie, wie Friedrich Manuskripte wegwirft, seine Wohnung entrümpelt und auch den in seine Teile zerlegten Ofen im Müllcontainer entsorgt. Auch Raffael hat inzwischen seinen Ofen abgebaut, den größten Teil des Schutts aber im Keller gelagert. Bald darauf stürzt Friedrich auf der Treppe und kommt dabei zu Tode, wobei sich

> Raffaels und Petras Begegnung mit Enrico

2.2 Inhaltsangabe

Enricos Tod

nicht klären lässt, ob es sich um einen Unfall handelt oder um einen missglückten Versuch, sich das Bein zu brechen. Auch Selbstmord schließt Raffael nicht aus. Kurz darauf gibt es Probleme, weil die Hydraulik des Müllwagens mit dem Container überfordert ist, in dem die schweren Überreste von Friedrichs Ofen liegen. Die anderen Hausbewohner schreiben gemeinsam einen Brief an Raffael und Petra, in dem sie aufgefordert werden, den Müll auf ihre Kosten entfernen zu lassen. Außerdem werden die anderen Container mit Vorhängeschlössern gesichert. Raffael hält es für sinnlos, die Nachbarn davon überzeugen zu wollen, dass es nicht sein Ofen ist. Als die Müllabfuhr wiederkommt, gibt er den Männern hundert Mark, damit sie warten, bis er den Schutt mit der Schaufel auf zwei Container verteilt hat.

Kapitel 29 – Fische

Martins und Jennys Arbeit für die „Nordsee"

Martin Meurer und Jenny machen Bekanntschaft bei einem Gelegenheitsjob in Stuttgart [der Stadt, in welcher Maiks Eltern und Martins Mutter leben]. Sie müssen Taucheranzüge tragen und in der Fußgängerzone Werbung für die Fisch-Restaurant-Kette „Nordsee" verteilen. Nach einer Einweisung gehen die beiden zum ersten Mal los. Sie sollen „gute Laune verbreiten" (306), während sie Passanten fragen, ob sie wissen, wo die „Nordsee" ist, und ihnen anschließend Zettel in die Hand drücken. Die Sache läuft gut, bis Martin von einem Mann, den er angesprochen hat, einen Schlag ins Gesicht bekommt. Offensichtlich hat der Mann gedacht, dass er sich über ihn lustig machen will. Nun ist ein Auge zugeschwollen, die Zettel liegen auf dem Boden verstreut, und Martin will sofort mit dem Job aufhören. Er ist auch enttäuscht, weil niemand ihm geholfen hat. Jenny will Martin trösten und dazu bringen, sich wegen der Versicherung sofort an ihren Chef zu wenden. Als er aber sagt, er wolle nur „möglichst weit" weggehen (313), begleitet sie ihn. Sich an den Händen haltend, laufen die beiden los und verfallen nach einer Weile in Gleichschritt.

2.3 Aufbau

Leben, Erzählen, Lesen

Die Struktur des Romans wird erst verständlich vor dem Hintergrund einer bestimmten Auffassung vom Leben. Diese wird in konzentrierter Form in einer Passage der Raststätten-Story „Mein Gott, ist die schön!" (Kapitel 25) vermittelt. Es handelt sich zugleich um die zentrale Äußerung über das Wesen des Erzählens, und außerdem lassen sich daraus noch die Eigenschaften herleiten, über die der Leser von *Simple Storys* verfügen sollte (siehe S. 54 f. der vorliegenden Erläuterung). Alle drei – Leben, Erzählen und Lesen – gehen eine enge Verbindung ein. Die Formulierung dieser Aussage hat

> Jennys Lebensauffassung: die Grundlage des Romans

der Erzähler an Jenny delegiert, was zunächst überrascht, weil sie jung ist und eine Suchende, die ihren Weg noch weniger gefunden hat als andere Figuren. Dieser Eindruck relativiert sich aber, wenn man ihre Sätze betrachtet. Entscheidend sind für Jenny nicht unverrückbare Wahrheiten und Erkenntnisse, sondern eine bestimmte Einstellung, die sie vor allem bei alten Menschen beobachtet hat:

> *„Du fragst sie was, und sie erzähln dir erstmal das eine. Du fragst wieder, und sie erzähln dir was andres. Und dann fragst du zum dritten Mal. Und das ists schließlich."*
> *„Willst du nicht gleich die richtige Antwort?" fragte Edgar.*
> *„Nein. Ich frag, was weiß ich, nach der Sieben. Alte Leute erzählen dann über die Vier, und wenn ich nochmal frage, über die Sechs und dann über die Drei. Und wenn ichs aufgebe, sagen sie nur: vier plus sechs minus drei gleich sieben."* (266)

Jenny definiert ihr Ziel als „Sieben", eine magische Zahl, die sich ihr immer wieder

> Die „Sieben"

entzieht und der man sich nur durch Beharrlichkeit nähern kann. Die Menschen, die sie befragt, sind skeptisch geworden gegenüber dem Glauben, man könne in gerader Linie und ohne Umschweife dorthin gelangen. Die „Sieben" offenbart sich, wenn überhaupt, nur auf Umwegen. Die Suche danach verlangt Geduld und Zeit, ihr Reiz besteht in der lustvollen Hinauszögerung der Erkenntnis, zu der man womöglich nie gelangt. Edgar versteht sofort, was Jenny meint, und reagiert mit einer Geschichte, in der er sich daran erinnert, wie er sich einmal zu seiner eigenen Überraschung in eine „Idiotin" (267) verliebte. Damit bestätigt er Jennys Auffassung und weitet sie aus. Seine Erzählung zeigt, dass das Nicht-Kalkulierbare immer wieder gerade in entscheidenden Momenten des Lebens eingreift. Dieses Leben steckt voller Geheimnisse und entzieht sich der Planung. Gefordert wird deshalb ein offener Erkenntnisprozess, bei welchem die Intuition eine wichtige Rolle spielt und der nicht auf Effizienz und schnelle Lösungen drängt.

Diese Lebensauffassung findet sich im auffälligen Widerspruch zum rationalen Machbarkeitsglauben des neu hereingebrochenen Kapitalismus wie der untergegangenen Planwirtschaft des Sozialismus. Jennys Rechenexempel führt ironisch vor, dass mathematische Beweisprozeduren in den Fragen, die sie berühren, nur zu Scheinlösungen führen. Die Rahmung und Veranschaulichung ihrer „Sieben"-Theorie durch zwei Geschichten Edgars stellt hingegen einen Zusammenhang zwischen Leben und Erzählen her. Aus dem Erzählen heraus können die Menschen hoffen, die Welt zu verstehen und ihr Leben zu bewältigen. Dabei ergeht es dem Leser von *Simple Storys* wie Jenny mit ihren alten Leuten: Eine „richtige Antwort" und ein direkter Weg werden ihm vorenthalten. Die „Sieben"-Erfahrung Jennys lässt sich auf das literarische Verfahren des Romans übertragen; auch hier werden indirekte, verschlungene Wege bevorzugt. *Simple Storys* verzichten auf eine lineare Handlungsführung und auf Geschlossenheit der Form. Stattdessen ähnelt das Erzählen einer Kreisbewegung. Edgar und Enrico, zwei wichtige Geschichtenerzähler innerhalb der Romanhandlung, führen dabei sogar unmerklich Drehbewegungen durch: Edgar „drehte seine Kaffeetasse am Henkel" (264), Enrico sein geriffeltes Glas, das ihm sogar wie ein „Glücksrad" vorkommt (199–204). Das Bild vom „Glücksrad"

Das Erzählen als Kreisbewegung und Spiel

deutet an, dass sich aus der Kreisbewegung des Erzählens heraus ein Spiel entwickelt. Bei diesem Spiel geht es um Verbergung und Enthüllung; der Leser wird zum Spurensucher, der immer wieder offenen Fragen nachgehen muss (im oben genannten Kapitel etwa: Ist Edgar seiner „Idiotin" wiederbegegnet? Hat Edgar die Geschichte wirklich erlebt, oder hat er sie erfunden, um Jenny zu imponieren oder ihre Geschichte zu veranschaulichen? Was ist in Zimmer 7 vorgefallen, bevor Maik es verlässt?). Motive tauchen wiederholt in überraschenden und rätselhaften Zusammenstellungen auf wie die großen englischen „B"s in den Kapiteltiteln „Big Mac und Big Bang" und „Blinking Baby". Informationen werden verspätet und zu unerwarteten Zeitpunkten oder gar nicht geliefert. Manchmal gibt der Roman dem Leser auch kleine Hinweise, die ihm dabei helfen, ein Rätsel zu lösen oder einen Zusammenhang herzustellen. So wird nur eindeutig klar, dass Hannis stummer Anruf aus dem „Toscana" Christian Beyer gilt, wenn man bemerkt, dass in dem Lokal gerade Musik von „Gitarren" (256) zu hören ist. Allerdings trifft dies erst unter der Voraussetzung zu, dass der Leser sich an die „Gitarrenmusik" (252) erinnert, die Christian in der vorhergehenden Story aus dem Hörer vernommen hat.

Statt richtiger Antworten bietet das Leben den Figuren in *Simple Storys* und damit dem Leser kurze Momente der Offenbarung, sogenannte Epiphanien, in denen man das Ziel des Spiels sehen kann, das der Erzähler spielt[7], und damit die größtmögliche Annäherung an Jennys „Sieben". Zahlreiche Storys laufen auf einen solchen magischen Augenblick hinaus, an dem die Zeit angehalten wird und eine Figur inmitten einer ganz gewöhnlichen Umgebung aus dem Alltag herausfällt. Dabei kann in ihr plötzlich eine Erkenntnis aufleuchten, die sie ihr Leben in neuem Licht sehen lässt. Diese Epiphanien können hoffnungsvoll

Epiphanien

---

[7] Ingo Schulze verwendet im Zusammenhang mit der Epiphanie selbst den Begriff des Spiels, sieht in ihr dessen „Schlussstein": Vgl. S. 14 seines Vorworts *Endstation Sehnsucht* in: Raymond Carver: *Wovon wir reden, wenn wir von Liebe reden. Erzählungen*. Aus dem Amerikanischen von Helmut Frielinghaus. Berlin: Berlin Verlag, 2000. S. 9–16. Der Begriff der Epiphanie, der für die Kurzgeschichte vor allem von James Joyce begründet wurde, erscheint auch in Schulzes Nachruf auf Robert Altman (siehe im Materialien-Anhang dieses Bandes).

sein wie in Kapitel 13, als Marianne Schubert plötzlich in der Lage ist, den Tod als Möglichkeit zu akzeptieren. Andere sind gnadenlos wie in Kapitel 7; dort kann Ernst Meurer der Erkenntnis nicht entgehen, wie „unausweichlich" (85) seine Lage ist. Es gibt auch hochgradig ironische Epiphanien wie in Kapitel 10, wo Martin den Ausweg aus seiner Misere in der „Frohen Botschaft" findet und als himmlische Gabe zu seiner Bekehrung zwei praktische Topflappen bekommt.

Der ideale Leser

Jenny und andere Figuren kann man in dem Roman mehrfach dabei beobachten, wie sie auf Geschichten reagieren, die ihnen jemand erzählt. Die Eindrücke, die man aus diesen mündlichen Erzählsituationen gewinnt, lassen sich aber auch auf die Rezeption schriftlich festgehaltener Storys übertragen. Zu diesen Eindrücken gehört, dass Jenny mit ihrer Offenheit und Wachheit eine ideale Geschichtenzuhörerin ist. Demzufolge setzt ein Erzählen wie in *Simple Storys* auch einen Leser voraus, der sich verhält wie Jenny in dem Kapitel 25 – „Mein Gott, ist die schön!" Der Leser sollte in der Lage sein, sich auf das Spiel einzulassen, das der Text ihm anbietet, und dabei wenigstens zeitweise auf Abstand zu diesem Text gehen. Spannung entsteht weniger aus der Handlung heraus, sondern aus dem zeitverzögerten Erkennen von Zusammenhängen. Vorausgesetzt wird die Bereitschaft, aufmerksam zuzuhören wie Jenny oder eben bewusst zu lesen, sich selbst beim Lesen zu beobachten und immer wieder neue Blickwinkel einzunehmen. Der Leser muss zum „Dialogpartner" des Textes werden, von dessen Aktivität es abhängt, inwieweit dieser zum Leben erweckt wird.

Der Leser als Dialogpartner des Textes

Das Buch enthält auch Beschreibungen von Menschen, welche das Gegenteil des idealen Zuhörers bzw. Lesers verkörpern. Danny, Maik und Patrick können gerade deshalb nicht zuhören, weil sie persönlich verwickelt sind. Ihre Abwehr erklärt sich auch aus ihrem jeweiligen Verhältnis zu dem Geschichtenerzähler, auf den sie entweder eifersüchtig sind (Patrick auf Enrico und Maik auf Edgar) oder dessen Ansprüche sie zurückweisen wollen (Danny bei Edgar). Deshalb ist ihre Aufmerksamkeit nur auf bestimmte Details gerichtet, und es kommt zu Missverständnissen. Was sie aus Edgars und Enricos Geschichten indirekt über sich erfahren könnten, blenden sie aus. Patrick hört Enrico lange zu, muss aber bekennen, dass er „kein Wort" versteht (201); schließlich verprügelt er Enrico. Auch Maik reagiert mit Unverständnis und Wut auf Edgars Erzählung (265 f.). Er will wie Patrick ohne Aufschub und Widerstände zur „Sieben" vordringen und zerstört damit ihren Zauber. Er wendet wie dieser sogar Gewalt an, indem er Jenny nach einem Streit in ihrem Raststättenzimmer einschließt und mit dem „Schlussel mit der 7 auf dem Metallanhänger" (272) verschwindet. Für Edgar entpuppt er sich damit als „Vollidiot" (272). Der Leser von *Simple Storys* muss das Gegenteil sein: ein hochgradig aufgeschlossener Geschichtenzuhörer, der den verwickelten Wegen der Erzählung folgt und die große Fülle von Textbezügen mit detektivischem Spürsinn durchdringt. Er hat es dabei leichter als Danny, Maik und Patrick, denn er erkennt zwar möglicherweise in ihren Problemen seine eigenen wieder, ist aber nicht persönlich beteiligt. Ein Roman wie *Simple Storys*, der Problembewältigung als Spiel betreibt, verschafft also dem Leser die Distanz und Gelassenheit bei der Auseinandersetzung mit lebenswichtigen Fragen, die es im wirklichen Leben oft nicht geben kann.

> Distanz und Gelassenheit

Perspektivenvielfalt

In das Spiel, das *Simple Storys* dem Leser anbietet, sind alle Elemente der Romanstruktur einbezogen. Dazu gehört auch der Umstand, dass der Aufbau äußerst komplex und verschachtelt ist. Beim Lesen entstehen deshalb laufend Brüche. Dies betrifft zunächst die große Fülle der handelnden Figuren. Man kann in diesem Zusammenhang von Multifiguralität sprechen, wobei *Simple Storys* keine klare Hierarchie von Haupt-

> Multifiguralität

2.3 Aufbau

und Nebenfiguren kennt. Der Leser muss den Überblick über ca. vierzig Figuren behalten, die in wechselnden und für ihn immer wieder neuen und überraschenden Konstellationen auftreten. Die Wendungen in der Handlung oder auch nur der Zufall führen dabei Figuren zusammen, die ursprünglich wenig oder nichts miteinander zu tun hatten, und treiben sie wieder auseinander. Für viele Figuren kommt es zu einem Reigen von Begegnungen mit Menschen, von deren verschlungenen Verbindungen untereinander sie oft wenig und manchmal nichts wissen. So bringt der Roman Jenny zunächst mit dem Ehepaar Schubert zusammen, später mit Edgar, Lydia und Martin. Dabei ahnt sie nicht, dass Martin der Stiefsohn des Mannes (Ernst Meurer) ist, der in der Gedankenwelt der Schuberts viele Jahre lang die wichtigste Rolle spielte, auch nicht, dass Edgar früher mit Martins Schwägerin (Danny) zusammenlebte, welche wiederum von dem Mann (Patrick) verlassen wurde, dessen Fotos sie in Lydias Wohnung gesehen hat.

Multiperspektivität — Der Multifiguralität des Romans entspricht seine Multiperspektivität. Es gibt eine große Vielfalt von Perspektiven, aus denen berichtet wird, was auch den Facettenreichtum des Gesellschaftspanoramas in *Simple Storys* verstärkt. Vierzehn Romanfiguren treten in insgesamt sechzehn Storys als erzählendes Ich auf. Sie melden sich persönlich zu Wort, sind selbst Teil der Handlung und dürfen in jeweils einem Kapitel – Lydia und Martin sogar in zwei – berichten, wie sie das Geschehen aus ihrer Sicht erleben. Dreizehn Storys haben einen Er-Erzähler, der nicht als Person fassbar ist. Hier wird die Welt häufig durch das Bewusstsein einer wahrnehmenden Figur miterlebt, so dass der Leser direkten Einblick in ihre Gedanken und Empfindungen gewinnt. Dies ist etwa in einigen Passagen von Kapitel 9 der Fall: „Raffael genießt diese Verwirrung, die er selbst anrichtet." (101) Anderen Passagen fehlt eine solche Innenperspektive; hier werden die Vorgänge nur von außen betrachtet, und der Leser wird zu einem Zeugen der Vorgänge gemacht. Die Anzahl der Perspektiven vergrößert sich schließlich dadurch, dass einige Storys als Rahmen für Geschichten dienen, die von Figuren innerhalb der Handlung erzählt werden wie die bereits oben erwähnten Binnen-Storys von Edgar (Erlebnis in der Bar de Colonial, 264 f., und Erlebnis im Kino, 266 f.). Was Marianne von Hanni über das Wochenende in Frankfurt (138–144) erfährt oder Patrick von Enrico über Lydias Abschied (198–203), ist noch verhältnismäßig eng mit der Romanhandlung verbunden, Edgars Binnen-Storys und Jennys „Schwimmhallen-Story" (277 f.) lösen sich aber deutlich davon ab. Die Situation wird noch dadurch kompliziert, dass der Leser einzelne Geschichten nur aus zweiter Hand erfährt und dass der Berichtende sie überdies noch aus eigener Sicht kommentiert (z. B. Christian Beyer/Vanderbilt). In einigen Fällen ist auch unklar, ob sie sich – auf der Ebene der erzählten Welt – wirklich zugetragen haben oder ob sie von den Figuren erfunden worden sind wie einige der Binnengeschichten Edgars, so z. B. die Geschichte von der Zugfahrt (209 ff.), die man damit als fiktive Geschichten innerhalb der übergeordneten Fiktion des Romans bezeichnen kann.

Das Spiel des Romans gestaltet sich also auch als eines mit verschiedenen Realitätsebenen, bei dem die Trennlinie zwischen Fiktion und Realität verschwimmt. *Simple Storys* halten sich damit im Gegensatz zu vielen anderen Romanen nicht dauernd an den sogenannten „Fiktionsvertrag", welcher besagt, dass eine Erzählung nicht-reale Dinge stillschweigend als real präsentiert und dass der Leser im Gegenzug auch so tut, als seien sie real. Solche Erzählungen verschleiern ihre Fiktionalität möglichst vollständig und lassen den Rezipienten in der Illusion des Dabeiseins versinken. Schulzes Roman macht aber den Prozess des Erzählens selbst zum Thema und erzählt mit, dass etwas erzählt wird. Auf diese Weise stellt er dem Leser raffinierte Fallen, bezieht ihn aber in den Schreibprozess ein und ermöglicht ihm bei entsprechender Aufmerksamkeit Einsichten in das Wesen des Erzählens.

> Spiel mit Fiktion und Realität

2.3 Aufbau

Roman und Short Story

Das Nebeneinander von Roman und Kurzgeschichte ergibt ein besonderes Spannungsverhältnis. Die Gesamterzählung bildet den Rahmen für neunundzwanzig „Storys", die jeweils mit Gewinn schon für sich allein gelesen werden können, die aber u. a. durch wiederholt vorkommende Figuren, Motive usw. mit den anderen Storys verknüpft sind, so dass sich ihre Wirkung erst bei Lektüre des Ganzen voll entfalten kann. Der Roman bietet traditionell als die längenmäßig umfangreichere Form die Möglichkeit, nicht Einzelereignisse, sondern breitere Ausschnitte aus dem Leben seiner Figuren aufzunehmen und sie vor einem größeren gesellschaftlichen Hintergrund darzustellen. Dabei wurde die Gattung ursprünglich mit der Vorstellung verbunden, man könne aus der Lebensgeschichte eines Individuums heraus die Welt als Ganzes erfassen. Je komplexer und unüberschaubarer die Wirklichkeit in der Moderne aber wurde, desto mehr wich diese Hoffnung verbreiteter Skepsis. Ingo Schulzes Roman gehört in die Reihe der Experimente, die gemacht wurden, um dem Roman die Möglichkeit umfassender Weltdarstellung zurückzugeben. Er versucht dies, indem er sich nicht auf die Geschichte eines einzelnen Menschen konzentriert, sondern ein ganzes Mosaik individueller Schicksale und Sichtweisen schafft. Dazu verwendet er neunundzwanzig sorgfältig ausgewählte Momentaufnahmen und vernetzt sie miteinander in der Erwartung, dass die Summe viel mehr ist als die Teile.

Eigenschaften des Romans

Die Kurzgeschichte als Momentaufnahme

Der Inbegriff der literarischen Momentaufnahme ist die Kurzgeschichte. Sie erlebte in Deutschland verstärkt in den fünfziger Jahren Verbreitung; als Verfasser von Kurzgeschichten sind insbesondere Wolfgang Borchert (1921–1947) und Heinrich Böll (1917–1985) hervorgetreten. Ingo Schulzes Vorbilder sind aber vor allem in den USA zu finden, namentlich die Short Storys von Raymond Carver (1938–1988). Die Gattung ist sehr wandelbar, einige Merkmale kehren aber häufig wieder und sind auch in den *Simple Storys* zu finden:

2.3 Aufbau

Die Kurzgeschichte

- liefert ein psychologisches Porträt eines alltäglichen Menschen;
- zeigt ihn in einem krisenhaften Augenblick/an einem Wendepunkt seines Lebens;
- beruht auf einem einfachen Grundthema;
- strebt eine einheitliche Wirkung an durch Verwendung eines oder mehrerer Leitmotive;
- zeigt eine Tendenz zum Minimalismus, d. h. wichtiges Geschehen wird nur angedeutet, die Bedeutung muss aus dem Kontext erschlossen werden;
- setzt unvermittelt ein und bevorzugt ein offenes Ende;
- bringt Erzählzeit und erzählte Zeit zur Deckung.

Der Short-Story-Charakter der Kapitel verliert sich allerdings zum Teil im Verlauf der Lektüre des Romans, weil einzelne Figuren mehrfach porträtiert werden, wodurch der Leser meistens über Vorabkenntnisse über ihr Leben verfügt. Auch der Umstand, dass ausgesparte Informationen später oft nachgeholt werden, führt dazu, dass die Offenheit der Erzählform Short Story nach und nach zurückgenommen wird.

Interessante Wechselwirkungen aus der Verbindung der beiden Gattungen ergeben sich auch aus der unterschiedlichen Rezeptionsweise. Eine Kurzgeschichte ist gewöhnlich so geschrieben, dass sie „in *einem* Zuge"[8] gelesen werden kann. Für Edgar Allan Poe (1809–1849) war sie deshalb dem Roman überlegen, denn in den Unterbrechungen, die dessen Lektüre notwendigerweise bedinge, würde die Einheitlichkeit der Wirkung zerstört. Beim Roman entgleite der Leser laufend dem Einfluss des Autors, nicht jedoch bei der Kurzgeschichte, die dem Schriftsteller erlaube, seine Absicht in vollem Umfang zu verwirklichen. Andererseits wird von der heutigen Forschung der große Erfolg des Romans darauf zurückgeführt,

> Rezeptionsweise von Roman bzw. Kurzgeschichte

---

[8] Poe, Edgar Allan: *Hawthorne: Zweimal erzählte Geschichten.* S. 459. In: Poe, Edgar Allan: *Werke.* Hrsg. von Kuno Schuhmann. Dt. von R. Kruse, F. Polakovics, A. Schmidt, U. Wernicke u. Hans Wollschläger. Bd. 3 (*Rezensionen, Briefe*). Olten: Walter, 1973. S. 456–460.

2.3 Aufbau

dass er „in das Alltagsleben zwischen den Leseetappen hineinwirkt […] für viele Leser scheint es geradezu ein Qualitätskriterium zu sein, ob der Roman sie dermaßen fesselt bzw. gedanklich oder emotional so sehr beschäftigt, dass sie zwischen den Etappen bis zu einem gewissen Grad in seine Atmosphäre eingetaucht bleiben."[9] *Simple Storys* macht sich die Vorzüge beider Gattungen zunutze. Für die einzelne, ohne Abschweifung gelesene Geschichte „wird die Seele des Lesers beständig vom Autor controllirt"[10]. Die losen Enden, Andeutungen und offenen Fragen an den Kapitelenden erweitern aber die Wirkung in die Pausen zwischen den Storys hinein und halten den Leser in Bann.

Kohärenz

Hinter einigen der Erzählstrategien in *Simple Storys* steht, wie erläutert, im Prinzip die Absicht, den Leser zu irritieren, um seine Aktivität zu wecken. Eine Reihe von Erzähltechniken stärkt jedoch auch den inneren Zusammenhalt (die Kohärenz) des Romans und erleichtert dem Leser die Orientierung. Dazu gehört in erster Linie die Tatsache, dass die Handlung in chronologischer Folge erzählt ist. Wenn Informationen zur Vorgeschichte von Figuren mit Verspätung nachgeliefert werden, so geschieht dies nicht in Rückblenden, sondern innerhalb der Erzählgegenwart durch den Bericht anderer Personen. Ein Beispiel hierfür ist das Gespräch im Krankenhaus, in dem Barbara Holitzschek von Renate und Martin Meurer erfährt, wie Ernsts Leben verlaufen ist (Kapitel 22). Für räumliche Kontinuität sorgt der Schauplatz Altenburg. Die meisten Figuren leben in dieser Stadt, die so klein ist, dass sich ihre Wege immer wieder kreuzen und sie sich in verschiedenen Konstellationen begegnen können.

> Der innere Zusammenhalt des Romans

---

9 Schneider, Jost: *Einführung in die Roman-Analyse.* Darmstadt: Wissenschaftliche Buchgesellschaft, 2003. S. 9.
10 Poe, Edgar Allan: *Hawthorne: Zweimal erzählte Geschichten.* S. 461. In: Poe, Edgar Allan: *Werke.* Hrsg. von Kuno Schuhmann. Dt. von R. Kruse, F. Polakovics, A. Schmidt, U. Wernicke u. Hans Wollschläger. Bd. 3 (*Rezensionen, Briefe*). Olten: Walter, 1973. S. 456–469.

Selbst wenn sie sich mitunter an weit entfernten Orten aufhalten (z. B. in Italien oder New York), so stehen die Figuren doch meistens gedanklich weiterhin in Verbindung mit Altenburg, wohin sie früher oder später zurückkehren.

Kohärenz stiftet auch der übergeordnete Erzähler, welcher die Fäden in der Hand hält, indem er Blickwinkel auswählt und arrangiert. Diese organisierende Instanz ist zwar nicht als Person erkennbar, aber sie macht sich vor allem in den zahlreichen Signalen (Anspielungen, Motiven, Symbolen usw.) bemerkbar, die in den Text eingeflochten sind und ihn mit Bedeutung aufladen. Sie lassen sich als Kommentare des Erzählers deuten, als Ausdruck seiner eigenen Sicht der Dinge. Wenn er also einmal Lydia an ein „Ufo" denken lässt (70) und in einem anderen Kapitel Ernst Meurer (81), dann werden die darin zum Ausdruck kommenden irrationalen Ängste über eine individuelle Figurenperspektive hinausgehoben. Sie sind dann eine Erscheinung, welche die soziale Situation insgesamt charakterisiert.

Der Erzähler

Durch Übereinstimmungen bei Motiven, aber auch durch solche, welche das handelnde Personal, die Themen oder die Handlungsstruktur betreffen, sind außerdem die einzelnen Kapitel in vielfältiger Weise verwoben. Besonders eng kann dies bei aufeinanderfolgenden Storys der Fall sein. Diese Fäden verlaufen häufig unscheinbar und fallen beim ersten Lesen kaum auf, ergeben aber insgesamt ein Netz von Bezügen und untergründigen Zusammenhängen. Zwischen den Kapiteln 6 und 7 ist dieses Netz besonders reichhaltig geknüpft. Beide Storys spielen auf dem Lande, und es geht in beiden um die Angst, die aus dem Gefühl einer sich auflösenden gesellschaftlichen Ordnung entsteht. Die Protagonisten (Lydia und Patrick im sechsten Kapitel, Ernst im siebten) legen jeweils in einer ihnen unbekannten Gegend einen Weg zurück und geraten auf dem Rückweg in Situationen, in denen sie sich von Fremden bedroht fühlen. In Kapitel 6 liegt Enrico „zusammengekauert wie ein Embryo" (65) im Bett, und in der folgenden Story nimmt Ernst die gleiche Haltung ein, ebenfalls im Bett (84 f.). Außerdem kommen in beiden Kapiteln Steuerberater vor, in

Das Netz von Zusammenhängen

2.3 Aufbau

beiden fährt jemand einen „Fiesta" (72,79) und wird die Furcht vor „Rumänen" (68, 74) erwähnt.

Das Ende einer Story und der Anfang der nächsten sind auch mehrfach wie zwei räumlich oder zeitlich getrennte Filmszenen ineinandermontiert. Beim Kino spricht man von einem „Match Cut", wenn dabei visuelle oder akustische Motive aus der alten in die neue Einstellung übernommen werden. Ganz ähnlich geschieht dies zum Beispiel in *Simple Storys* beim Übergang zwischen den Kapiteln 12 und 13. Das eine endet mit den „letzten Drehungen des Ventilators" (137) im Vorzimmer des „Möbelparadieses", am Anfang des nächsten wird der „Krach von Ventilatoren" (138) erwähnt. Das Motiv überbrückt so die Distanz zwischen Möbelhaus und Schubert'scher Wohnung und spielt gleichzeitig auf einen Wandel in Marianne Schuberts Existenz an: In Kapitel 12 scheint sie durch ihre Krebserkrankung noch wie der Ventilator zum Stillstand zu kommen; aber in Kapitel 13 wird Marianne durch Hannis Bericht wieder in das lärmende Leben hineingezogen.

> „Match Cuts"

Grenzen des Spiels

In die Erzählweise und die Figurenkonstellation des Romans ist auch eingeschrieben, dass es Grenzen bei der Suche nach der Wahrheit und dem richtigen Weg gibt. Dies betrifft insbesondere alles, was mit Andrea Meurers Unfall zu tun hat. Er ist der entscheidende Vorgang in dem Roman, weil er die Biografie gleich mehrerer Personen, die sich zum Teil nicht einmal untereinander kennen (Martin, Tino, Danny, Edgar, Barbara und Frank), maßgeblich beeinflusst. Ein einzelnes, scheinbar zufälliges Ereignis droht ihr Leben zu zerstören, das durch die Auswirkungen der Wende ohnehin großen Belastungen ausgesetzt ist. Die dadurch ausgelöste existenzielle Verunsicherung der Menschen spiegelt sich darin wider, dass über den Unfall nur indirekt berichtet wird. Was der Leser darüber erfährt, bleibt quälend uneindeutig, denn man erhält wie die Romanfiguren nie Gewissheit darüber, wie der Unfall Andreas verlaufen ist und welche Verantwortung Barbara

> Unzuverlässiges Erzählen

wirklich dafür trägt. Die Irritation der Romanfiguren überträgt sich hier auch auf den Leser. Die kreisende Erzählbewegung, welche sonst immer von dem Gefühl getragen ist, sie sei Geheimnissen nah, wird unzuverlässig, wenn es um Andreas Unfall geht.

Die Figur des Schriftstellers Enrico Friedrich zeugt sogar von Gefahren, welche mit dem Spiel der Literatur verbunden sind. Treibt man es zu weit, kostet es das Leben. Für Enrico wird das Schreiben zur Hauptsache und zur absoluten Tendenz seines Lebens. In seinem hohen Streben und seinem Scheitern ist er dem Typus des romantischen Künstlers in den Erzählungen von E. T. A. Hoffmann (1776–1822) nachgebildet. Mehrfach wird er sogar mit dem Dr. Faustus in Verbindung gebracht, u. a. weil er seinen Namen am Ende in Heinrich umwandelt. Die Wand in seiner Wohnung, auf der „die ganze Tapete bekritzelt war" (196), ist eine Metapher für die Literatur. Die Tapete ist vollständig durch „Notate" bedeckt, die einen stark ornamentalen Charakter haben. Wenn Enrico sich wie so häufig betrinkt, geraten sie vor seinen Augen in Bewegung: „Die Zeilen an der Tapete verdrehten sich ineinander zu dicken Seilen, zu labyrinthisch ausgelegten Strängen." (203) Für Außenstehende stellen diese Inschriften ein Rätsel dar; Frank und Patrick suchen darin vergeblich nach Mitteilungen, denen sie in herkömmlicher Weise Sinn entnehmen können. Die Botschaft von Enricos Wand besteht aber in ihrer ständig wandelbaren Gestalt. Die Tapete ist hier ein Sinnbild künstlerischer Tätigkeit überhaupt, das seit der Romantik immer wieder in Anlehnung an die Pflanzenranken der arabischen Wandmalerei als Arabeske bezeichnet wird. Die Arabeske lässt an Naturwüchsigkeit und Leben denken und ist ein Gegenbild zur Sachlichkeit der modernen Welt. Mit ihr kann der Künstler „spielerisch Zusammenhänge herstellen" (203). Der Umstand, dass Enrico die Wand beschriftet, deutet auch auf den Wunsch hin, durch sein Schreiben die Vereinzelung zu überwinden. Die Tapete bildet die Grenze zwischen innen und außen, die es zu durchbrechen gilt, zwischen dem einzelnen Ich und der Gesellschaft. Dabei hängt Enrico der romantischen Utopie totaler Verwandlung der Welt in

2.3 Aufbau

Poesie nach, denn er will „über alles schreiben [...], worüber er nur wollte [...] Er wollte über alles schreiben, über die ganze Welt" (203). Er scheitert an diesem hohen, hier doppelt betonten Ziel und endet in Einsamkeit, Verzweiflung und alkoholischer Zerrüttung. Dennoch sind die wichtigsten Prinzipien seines Schreibens in die Struktur von *Simple Storys* eingegangen. Der absolute Beziehungsreichtum des Romans ist arabesk und spielerisch; auch hier ist vieles in ständiger Wandlung begriffen. Weiterhin ist der Roman der Versuch, nicht bloß einen Ausschnitt der Wirklichkeit zu schaffen; er zielt auf Totalität, indem er ein Gesamtbild der Gesellschaft nach der Wende schaffen will. Dabei verlässt er aber im Gegensatz zu Enrico den Innenraum und wendet sich der sozialen Wirklichkeit zu, damit die Literatur auch Wirkung entfaltet und nicht wie Enricos Werke am Ende in der Altpapiertonne landen (300).

Marginalie: Wunsch nach Totalität

2.4 Personenkonstellation und Charakteristiken

In *Simple Storys* kann der Leser keine Figur deutlich als Hauptperson des Romans identifizieren. Es gibt etwa zwanzig Figuren, die herausgehoben sind, weil sie ausführlich charakterisiert werden. Sie vollziehen eine Entwicklung und gewinnen psychologische Tiefe. Daneben findet sich eine ungefähr gleich große Zahl von statischen Charakteren. Diese verzeichnen nur wenige Eigenschaften, einige greifen auch nur einmal in den Verlauf der Handlung ein. Ernst Meurer, Christian Beyer oder Jenny Ritter sind der zuerst genannten Gruppe zuzuordnen, Thomas Steuber, Billi oder Tahir fallen in die zweite Kategorie. Schließlich gibt es noch mehrere Reihen von reinen Randfiguren, die jeweils ein bestimmtes Merkmal, eine Eigenschaft oder Haltung gemeinsam haben. Dazu gehören die Gruppe der Bewohner des Westens (z. B. Gabriela, die Asiatin, die Wiesbadener), die Alten (der Verrückte mit dem Beil, Barbaras Mutter, der Mann auf dem Balkon) und die vielen wütenden Menschen (der Taxifahrer in Halberstadt, der durchgedrehte Autofahrer, Raffaels früherer Schulkamerad). Die wichtigen Figuren lassen sich nach mehreren Kriterien gruppieren, etwa nach ihrem Geschlecht, dem Alter, dem Bildungsstand, der sozialen Stellung oder nach ihrer Rolle in der DDR. Insgesamt ist in *Simple Storys* die volle Bandbreite der Gesellschaft vertreten. Unter den Männern reicht dies vom angehenden Minister in der neuen thüringischen Landesregierung (Frank Holitzschek) über mehrere unterschiedlich erfolgreiche Jungunternehmer (Christian und Raffael) bis zu dem Kunsthistoriker, der nach der Wende seine Stelle verliert (Martin), und schließlich zu einigen von der Verwahrlosung bedrohten jungen Leuten (Alex und Jan). In seiner Gesamtheit ergibt das Personal des Romans so ein Bild der im Umbruch befindlichen Gesellschaft der neunziger Jahre. Im Zentrum des komplizierten Beziehungsgeflechts mit seinen zahlreichen Konflikten um Liebe und Anerkennung, Schuld, Verrat und Vergebung, Karriere und Geschäft stehen dabei die Familien Meurer und Schubert.

> Gesellschaftspanorama

2.4 Personenkonstellation und Charakteristiken

Die Familie Meurer

Hans Reinhardt

Am Anfang der Geschichte der Meurers steht eine Verlusterfahrung. Hans Reinhardt, Renates erster Mann, war 1969 über Nacht aus der DDR geflüchtet und hatte sie und die Kinder, den siebenjährigen Martin und den fünfjährigen Pit, zurückgelassen. Renate will ihm nicht folgen; sie heiratet schon 1970 erneut.

Ernst Meurer

Ernst Meurer ist Schulleiter und engagiert sich in der Partei. Die eher kritisch eingestellte Renate ist zunächst misstrauisch, erkennt dann aber, dass Ernst kein „Scharfmacher" (232) ist, sondern aus Idealismus handelt: „An solchen wie Ernst hat es bestimmt nicht gelegen. Und wenn du was ändern willst, hat er gesagt, dann kannst du dich nicht raushalten, dann mußt du in die Partei" (230). Außerdem kümmert Ernst sich liebevoll um Martin und Pit, und später ist er „ein völlig [in Martins Sohn Tino] vernarrter Opa" (233). Für Renate ist er „ein ‚guter Mensch', wie die Russen sagen" (229). Sie sieht auch ein, dass er in seiner Funktion „keine Privatperson" ist (230) und deshalb keine Westkontakte haben darf. Darum akzeptiert sie seinen Wunsch, den Kontakt mit ihrem ersten Mann zu dessen Enttäuschung völlig abzubrechen. Dieser arbeitet im Westen als Arzt, bis er einen Schlaganfall erleidet und anschließend behindert ist. Bald darauf wird er selbst verlassen, als seine zweite Frau Nora nach zwanzig Jahren Ehe mit einem Prediger namens Boris durchgeht.

Die DDR als Idylle

Die Meurers erleben die letzten zwei Jahrzehnte der DDR als glückliche Zeit. Ernst und Renate denken häufig an dasselbe (22) und genießen gemeinsam die Sommer in der Idylle ihres Gartens, als deren Inbegriff den beiden später in der Erinnerung der Duft von Erdbeeren und der „vielen leeren Biergläser auf dem Abstelltisch in der Sonne" (22) vorkommen wird. Als Schulleiter und Parteifunktionär genießt Ernst einige Privilegien. So darf er 1986 mit Renate eine „Auszeichnungsreise nach Mittelasien" (80) antreten. Er verstrickt sich aber auch in Schuld wegen einiger „Dinge, die man durchsetzen muß, auch wenn

2.4 Personenkonstellation und Charakteristiken

es einem nicht paßt" (230), wie es Renate nachträglich sieht. Damit ist vor allem sein Umgang mit Dieter Schubert gemeint, den er auf Anweisung „von ganz oben" (232) – „gern hat es Ernst damals nicht gemacht" (21) – aus dem Schuldienst entlässt.

Nach dem Zusammenbruch der DDR verlieren die männlichen Meurers zunächst alle Sicherheiten. Ernst gilt in Altenburg als Hauptrepräsentant des alten Systems, weil er kurz vor der Wende wiederum im Auftrag der Partei in einem Leserbrief das Ende der Demonstrationen gefordert hat. Er zeigt sich zunächst durchaus offen für die neuen Reise- und Konsummöglichkeiten, aber gerade der erste Besuch im Westen wird zum Fiasko, als ihm in Italien ausgerechnet Dieter Schubert begegnet und dieser ihn öffentlich als den „roten Meurer" und „Bonzen" (21) beschimpft. Auch in der lokalen Presse stellt man ihn bloß. Schließlich erträgt er seine Situation nicht mehr und kündigt seine Stelle. Gleichzeitig muss er erleben, dass ehemalige Genossen ihm nicht zu Hilfe eilen, sondern ihn „zum Abschuß" (235) freigeben, während solche wie Neugebauer unter den neuen Verhältnissen schnell wieder Karriere machen. Er ekelt sich, fühlt sich bedroht und zieht sich immer mehr von der Welt zurück.

> Ernsts Isolation nach der Wende

Zwischen Ernst und Renate kommt es zur Entfremdung. Renate ist überzeugt, dass es „doch weitergehn" (240) muss. Von Ernst fühlt sie sich nun gegängelt; sie will „seine Frau, keine Kindergärtnerin" sein (240). Sie erträgt das Zusammenleben nur noch schwer, denn er „hockt den ganzen Tag in seiner Höhle und reagiert wie ein Tier, das man reizt. Irgendwann greifts an. Ich versteh das" (239). Tatsächlich bringt ihn die Polizei eines Tages in die Psychiatrie, weil er Nachbarn bedroht und eine Gaspistole abgefeuert hat. Renate, die ein neues Leben in Stuttgart beginnen will, nimmt diesen Vorfall zum Anlass, ihren Abschied von Ernst zu erklären. Sie hat ihn aufgegeben und spricht schon in der Vergangenheit von ihm (229). Damit sind in der Familie Meurer endgültig alle Dämme gebrochen. Die Urkatastrophe von 1969 wird nach der Wende endlos wiederholt: Martin lässt seinen Sohn Tino nach dem Tod Andreas bei deren Schwester Danny;

> Entfremdung

2.4 Personenkonstellation und Charakteristiken

Danny verlässt Edgar; Patrick verlässt Danny und Tino. Der Kreis schließt sich vom Großvater über den Stiefgroßvater zum Enkel. So sagt nicht nur Renate über Ernst, er habe einen „Knacks" (236), auch im Zusammenhang mit Tino wird dasselbe Wort verwendet (122). Der Bezug zwischen Tino und Hans Reinhardt findet über das Wort „Pfötchen" statt. Einmal ist es Hans Reinhardts Bezeichnung für seine eigene, durch die Krankheit verkrüppelte Hand (107), ein anderes Mal Dannys Kosewort für den Neffen (117). Innerlich ist auch Tino gelähmt, denn er verweigert den Kontakt mit der Umwelt (vgl. 233).

Martin Meurer

Auch für Martin und Pit kündigt sich mit der Wende ein tiefer Einschnitt an. Pit gelingt die Gewöhnung an den gesellschaftlichen Wandel besser. Martin verkraftet es aber nicht, dass er seine Stelle als Kunstwissenschaftler an der Universität Leipzig verliert. Er arbeitet zunächst im Außendienst einer Firma, leidet aber unter Antriebsschwäche und kann sich nicht an die Gegenwart anpassen. Die Geldsorgen belasten das Verhältnis zu seiner Frau Andrea. Die Schuld an ihrem Verkehrsunfall gibt Martin sich selbst: „Ich habe mir gewünscht, daß Andrea stirbt, und dann ist es passiert." (109) In den folgenden Jahren schlägt er sich mit Gelegenheitsjobs durch. Er sucht den Kontakt zu seinem leiblichen Vater, der aber lediglich zweimal hundert Mark schickt. Als dann doch 1993 in einem Münchener Straßencafé die erste Begegnung nach vierundzwanzig Jahren zustande kommt, wirkt der Vater „wie präpariert [...] für einen Vortrag" (108). Er hört sich Martins Sorgen nicht wirklich an, sondern redet fast nur von sich selbst. Trotzdem empfindet der Sohn das Treffen als Wendepunkt in seinem Leben. Dabei spielt ein „schmächtiger Mann" eine Rolle; dieser nähert sich dem Tisch im Café und „klaubte lautlos mit seinen langen schmutzigen Fingern Würfelzucker aus der Dose" (106). Der Vater bildet in Martins Augen den völligen Gegensatz zu diesem Mann, der wie eine abschreckende Projektion von Martins eigener Zukunft wirkt. Hans Reinhardt wird von den Serviererinnen übermäßig respektvoll behandelt, er scheint ein schweres Schicksal, auch das Verlassenwerden, tapfer gemeistert zu haben, was er auf seine Hinwendung zu Jesus Christus zurückführt. Seine „Saulus-Pau-

2.4 Personenkonstellation und Charakteristiken

lus-Fabel" (114) wird für Martin zu einem Erweckungserlebnis. Von nun an wird er religiös, er lässt sich taufen (237), und außerdem umgibt er sich mit einer Schonatmosphäre, indem er z. B. alkoholfreies Bier trinkt ("Clausthaler", 222). Aber auch diese Neuerungen können Martins fehlendes Urvertrauen nicht ersetzen. Er entwickelt sich im Lauf der Zeit zu einer tragikomischen Figur, denn fast alles, was er anpackt, endet im Debakel wie die Säuberung seines Balkondachs (Kapitel 21) oder die Werbeaktion für das Fischrestaurant (Kapitel 29). Er lebt nach seinem dreifachen Desaster (Vaters Flucht, Ende der Berufslaufbahn, Andreas Tod) in der dauernden Erwartung, jederzeit wieder den Boden unter den Füßen zu verlieren. In den letzten Storys mit Martin häufen sich sprachliche Bilder, die dieses Lebensgefühl zum Ausdruck bringen. Das "Tick-tick-tick" des Sicherungskastens in seiner Wohnung erinnert ihn dauernd an einen "Zeitzünder, wie ne Bombe" (217), und wenig später drückt Martin den "Rücken an die Wand" (227). In der letzten Geschichte gerät er in Schwierigkeiten, als er daran denkt, was mit den Fischen bei der Sintflut passiert (311), wird aber von Jenny getröstet. Das Romanende enthält eine Spur Optimismus, weil Martin und Jenny zwar in eine ungewisse Zukunft gehen, sich dabei aber "an der Hand" halten (313) und "in Gleichschritt" verfallen (314).

Die Familie Schubert

Dieter Schubert ist schon seit seiner Kindheit als Außenseiter gekennzeichnet. Damals verlor er beim Spielen mit Munition, die er gefunden hatte, ein Auge. Er bekam den Spitznamen Zeus, vermutlich weil er schon früh etwas Abgehobenes hatte und weil er in seinem Zorn donnern konnte wie der griechische Göttervater. Er ist extrem cholerisch, wie seine Frau Marianne später bezeugen kann: "Manchmal ist bei ihm einfach die Sicherung durchgebrannt" (172). Schuberts Leidenschaft für das Gebirge und das Bergsteigen lässt im Übrigen an den Olymp als den Wohnsitz des Zeus denken. Er hasst seinen Spitznamen wie

> Dieter Schubert als Außenseiter

2.4 Personenkonstellation und Charakteristiken

die DDR, die er, solange es sie gab, für alles verantwortlich machte, was ihm zustieß, angeblich sogar dafür, dass es dort für ihn kein „ordentliches" Glasauge gab (171). Er hat ein ausgeprägtes Gerechtigkeitsempfinden und kann sich deshalb z. B. „überhaupt nicht mehr beruhigen" (173), als er in der U-Bahn eine Türkin mit besonders großen Händen sieht, was ihn auf „das Schicksal einer Arbeitssklavin" (173) schließen lässt. Dies ist auch ein Beleg für Schuberts Phantasiebegabung, die mit seinem Interesse für Kunst zusammenhängt. Er macht eine Ausbildung als Zeichenlehrer und arbeitet an der von Ernst Meurer geleiteten Schule.

Entlassung aus dem Schuldienst

Im Jahr 1978 wird ihm die entscheidende Ungerechtigkeit zugefügt. Man entlässt ihn aus dem Schuldienst, weil er einen Schüler nicht gemeldet hat, der einen regimekritischen Scherz auf sein Hausaufgabenheft geschrieben hatte, wobei die Erzählung offenlässt, ob Schubert dies überhaupt wusste. Die Strafe für sein vermeintliches Vergehen besteht darin, dass er drei Jahre lang zur „Bewährung" (232) im Braunkohlenbergbau arbeiten muss. Obwohl er in den letzten DDR-Jahren einer befriedigenden Tätigkeit als Pädagoge am Museum nachgeht,

Maßlose Verbitterung

kann er sich nie wieder beruhigen. Schuberts Verbitterung wächst ins Maßlose und richtet sich vollständig gegen Meurer, obwohl dieser offenbar nur das ausführende Organ war. Hier zeigt sich das Doppelbödige an seiner Einäugigkeit: Schubert ist auch realitätsblind und selbstgerecht und macht sich und seiner Familie das Leben unnötig schwer. Jahrelang steht das gesamte Familienleben unter dem Vorzeichen seines Hasses gegen den Schulleiter (vgl. 261). Nach der Wende kommen die aufgestauten Gefühle explosionsartig zum Ausbruch. Bei der Busreise nach Italien fällt er Renate zunächst als „Besserwisser" auf und wegen seiner „hastigen Bewegungen" (16). In Perugia verliert er die Kontrolle über sich und klimmt an der Fassade der Kathedrale hoch, um Ernst Meurer von dort herunter „mit verkrümmtem Körper, den Mund verzerrt" (21), anzuklagen. Schließlich klettert er ironischerweise „am Blitzableiter" herab, ein Zeichen dafür, dass Schubert/Zeus sich abreagiert hat. Zugleich hat er aber Ernst als

2.4 Personenkonstellation und Charakteristiken

„Bonzen" (21) öffentlich an den Pranger gestellt und ihm damit den Übergang in die neue Zeit eschwert. Auch später zeigt sich Schubert unversöhnlich. Als Ernst und Marianne ihm einmal im Arbeitsamt begegnen, läuft er weg, offensichtlich weil er den Kontakt nicht mit seinem Status als „politisch Verfolgter" vereinbaren kann, den er sich offiziell bescheinigen lassen will (237).

Dieter Schubert kann auch nach 1989 in Ernst Meurer nur den Kontrahenten sehen. Dabei geht es beiden gleichermaßen schlecht. Zunächst begrüßt Schubert die herbeigesehnte neue Gesellschaft und das neue Geld (26). Dieter und Marianne erzählen freudig, dass ihre Tochter Conni auf einem Kreuzfahrtschiff angeheuert hat (30). Die Zuversicht, nach der Wende wurde alles besser, erweist sich aber bald als voreilig und naiv, u. a. weil Dieter nicht wie erwartet wieder als Lehrer eingestellt wird (171). Auch jetzt erleidet er Kränkungen, und die Lieblosigkeit in der Ehe der Schuberts bessert sich nicht. Vor allem kann Dieter seine Vergangenheitsbesessenheit nicht ablegen. Deshalb sucht er sich Jenny, der er „den ganzen Osten erklären" kann (171). Ihr gegenüber wird ein großer Zwiespalt in seiner Persönlichkeit deutlich. Einerseits demonstriert er seinen Wunsch nach Anerkennung und Verständnis, auch nach Liebe, wenn er ihre „Hände genommen und sie ganz vorsichtig abgeküßt" hat (172). Andererseits ist er zu einem normalen Liebesverhältnis nicht fähig. Dieter stößt Jenny vor den Kopf, als er ihr „plötzlich ne schweinische Geschichte" vorliest, „irgendwas SM-mäßiges" (279).

> Suche nach Verständnis

Dieter hat diese Geschichte von Peter Bertram, einem früheren Lehrerkollegen mit DDR-Grenzer-Erfahrung, zu dem er in einer heiklen Beziehung steht, denn Bertram ist ein Repräsentant des ehemaligen Machtapparats, der auch jetzt noch nicht von moralischen Skrupeln befallen ist und menschliche Kälte verströmt. Allerdings hat er niemals Schubert persönlich geschadet; davon hat dieser sich bei der Einsicht seiner Stasi-„Akten" (160) überzeugt. Das Kapitel 15 befasst sich damit, wie schwer es früheren Tätern und Verfolgten fallen kann, sich von ihren alten Rollen zu lösen und zu einem normalen menschlichen

> Peter Bertram

2.4 Personenkonstellation und Charakteristiken

Umgang zu finden. Bertram war neben seiner Lehrertätigkeit (59) „irgendwas Hohes" (159) bei der Grenztruppe, wohin er als Reservist regelmäßig zu Übungen eingezogen wurde, während Schubert wegen seines fehlenden Auges untauglich war. Jetzt leidet Bertram unter seinem Statusverlust und scheint Schubert als ehemals Verfolgten um seine neue, nun verbesserte Lage zu beneiden. Für Schubert ist Bertram wohl der Maßstab, an dem er erkennen kann, in welchem Verhältnis er zu den ehemaligen Unterdrückern steht. Ausgerechnet mit ihm verbringt er die letzten Stunden seines Lebens beim Angeln, das sich unterschwellig als Machtkampf gestaltet. So wirkt Dieter befriedigt darüber, dass Bertram wegen irgendwelcher Tatbestände aus der DDR-Zeit inzwischen nicht mehr als Lehrer arbeiten darf (vgl. 59). Bertram wiederum versucht Schubert auf sein Niveau herabzuziehen, z. B. indem er unterstellt, Jenny sei Dieters „Nutte" und ein „Hürchen" (160). Es ist seine Eigenart, andere (in weiteren Storys auch Danny und Pit) in seine unausgelebten pornografischen, zum Teil sadomasochistischen Phantasien einzuweihen, um sich damit interessant zu machen oder ein komplizenhaftes Verhältnis herzustellen. Bei Schubert hat er bedingt Erfolg mit dieser Manipulation, was die Vermutung nahelegt, dass dieser sich an das Unterdrückt- und Gedemütigtwerden bis zu einem gewissen Grad so gewöhnt hat, dass er nun im

Masochismus

Zustand der Freiheit davon nicht mehr loskommt. Trotzdem wehrt er sich jetzt dagegen, von dem anderen vereinnahmt zu werden. Schubert erkennt, dass Bertrams „Schweinekram [...] nicht normal" ist (160 f.). Die Situation wird absurd, als er nach großen Anstrengungen einen Karpfen aus dem Wasser zieht und beim Wiegen feststellt, dass es derselbe Fisch ist, den zuvor schon Bertram gefangen und wieder ausgesetzt hatte. Auf den Fotos, welche die beiden von ihren Trophäen machen, wird niemand einen Unterschied erkennen können:

> „Das glaubt dir keiner, Dieter, wirklich. Wer das Foto sieht, wird denken, du hast ihn dir ausgeborgt, von mir ausgeborgt."
> „Oder umgekehrt."

2.4 Personenkonstellation und Charakteristiken

"Wieso?"
"Der Apparat hat ja nicht mal ne Datumsanzeige." Schubert verzog das Gesicht und wandte sich ab. "So ne Scheiße", preßte er hervor. (164)

Der Vorgang symbolisiert für Schubert, dass ihm der Beifall der Öffentlichkeit für seine Entbehrungen als „Verfolgter" für immer verwehrt sein wird. Ehemaliger Täter und ehemaliges Opfer sind schon jetzt nicht mehr auseinanderzuhalten, und für die Nachwelt werden Schuberts Leiden nicht existieren. Sein Kampf ist bereits in Vergessenheit geraten, was er als Entwertung seiner gesamten Biografie auffassen muss. Deshalb ist es konsequent, dass ihn der Tod unmittelbar ereilt. Dabei zeigt Bertrams Reaktion, wie sehr der damalige Peiniger von der Existenz des Gepeinigten abhängig ist. Als Schubert tot ist, zeigt sich Bertram plötzlich zu einer Anwandlung von Zärtlichkeit fähig: „,Mensch Zeus!' sagte Bertram. Mit einer Hand streichelte er ihm immer wieder Stirn und Wange, mit der anderen bedeckte er das Glasauge." (165) Er hat es nicht geschafft, Schubert über die Wende hinaus an sich zu binden, und wird ihn vermissen.

Eine echte Bewältigung der Vergangenheit findet für die Familien Meurer und Schubert erst nach Dieters Tod statt. Marianne ist in der Lage, sich mit Pit Meurer auszusprechen und ihm das Du anzubieten; auf Pits und Hannis Hochzeit lässt sie sich sogar von Ernst Meurer zum Tanz auffordern (261–263). Sie sprechen kein Wort, aber das Tanzen verkörpert eine Leichtigkeit in ihrer Beziehung, die vorher nicht vorstellbar war. Mariannes Leben nach der Wende weist Parallelen zu dem von Renate Meurer auf. Auch sie muss sich von einem Mann emanzipieren, der den Übergang nicht verarbeiten kann. Beide bringen die Kraft auf, noch einmal von vorn zu beginnen, wobei Marianne sogar eine Krebserkrankung übersteht. Sie überwindet ihre Angst vor Alter und Tod auch aus der Beobachtung jüngerer Frauen heraus. Die Nöte und Ängste, die Conni, Hanni und Jenny vor ihren Augen durchleben, schwächen Mariannes Verlangen ab, noch einmal jung zu sein. Sie steht über den Dingen, seit sie weiß, dass

Mariannes Stärke

2.4 Personenkonstellation und Charakteristiken

„früher oder später schließlich alle sterben müssen"; dies kommt ihr „wie eine große wunderbare Erkenntnis vor" (147). Schließlich arbeitet sie weiter als Sekretärin im Möbelhaus und lebt allein in einer gemütlichen Wohnung, die Pit Meurer gefällt, denn sie „roch gut, ein bißchen wie früher die Intershop-Läden. Sie sammelte eine ‚Burda', eine ‚TV-Spielfilm' und ein grünes Bibliotheksbuch vom Sofa auf." (260) Etwas ironisch macht der Erzähler Mariannes Wohnung zu einem Band zwischen altem (Intershop) und neuem Osten (Burda und TV-Spielfilm), wie es hoffnungsvoller (die Farbe Grün) zu diesem Zeitpunkt nicht vorzustellen ist. Dies ist zugleich der Stützpunkt, den ihre Freunde ansteuern können, die wie Hanni regelmäßig in Not geraten und denen Marianne ohne viel Aufhebens hilft.

Frauen

Neben den schon etwas älteren Renate Meurer (Geburtsjahrgang 1943, vgl. 229) und Marianne Schubert kommen in *Simple Storys* vor allem jüngere Frauen zwischen achtzehn und Mitte dreißig vor. Dazu gehören mehrere Nebenfiguren wie Billi, Ute, Fadila und Petra. Ausführlicher porträtiert werden Conni Schubert und Andrea Meurer, vor allem aber Danny, Lydia Schumacher, Dr. Barbara Holitzschek, Hanni und Jenny Ritter (Dannys und Hannis Nachnamen werden im Roman nicht erwähnt). Die Lage gestaltet sich für diese Frauen völlig anders als für Renate und Marianne, die aufgrund ihrer Lebenserfahrung und größeren Illusionslosigkeit die Umbrüche in Gesellschaft und Familie relativ schnell verarbeiten. Die Jüngeren werden davon in einem Alter getroffen, in dem die meisten nach Orientierung suchen. Noch während sie sich beruflich etablieren oder eine Beziehung eingehen und eventuell eine Familie gründen wollen, tut sich vor ihnen ein Abgrund auf.

Die jungen Frauen

Die Wende verstärkt in mehreren Fällen wieder nur ältere Erfahrungen der Ohnmacht und seelische Verletzungen, wie

Alte und neue Erfahrungen der Ohnmacht

2.4 Personenkonstellation und Charakteristiken

schon bei den Meurers gesehen. Conni Schubert wurde (vermutlich in der Schule) wegen ihres Vaters „benachteiligt" (171). Lydia ist als Kind von ihrem „Erzeuger" missbraucht worden (282); sie wirkt labil, ist oft unkonzentriert und leidet unter Migräne. Durch ihren Beruf als Tierpräparatorin scheint sie mehr zum Tod als zum Leben hingeneigt. Andere halten sie leicht für verwöhnt wie „Westtussis" (289). Auch Jenny vermisste früher den Rückhalt von Erwachsenen und fühlte sich deshalb Gefahren hilflos ausgeliefert (278). Bei Hanni hingegen kollidieren die Umwälzungen der Zeit, die für sie zum Verlust ihrer Stellung als Museumsdirektorin führen, mit einer heftigen Midlife-Krise. Sarah, die Tochter der alleinerziehenden Mutter, zieht bei ihr aus (90), und sie selbst fürchtet sich vor Einsamkeit. Hanni glaubt auch, nicht mehr begehrenswert zu sein, und versucht verzweifelt, den „Lockruf" wieder zu beherrschen (144). Sie demonstriert, dass Menschen selbst unter schwierigen gesellschaftlichen Bedingungen das Gefühl haben, „daß man unter Leute gehört und sich verlieben muß" (89). Danny denkt ähnlich. Sie stürzt sich als engagierte und kritische Journalistin in die Arbeit und freut sich, wenn sie damit „Wirbel" erzeugt (31). Andererseits erkennt sie, dass sie ihr Privatleben vernachlässigt: „Es ist nicht gut, [...] wenn man allein lebt. Nicht nur, daß alles schwieriger wird, es ist auch unnatürlich" (41). In diesem Sinne scheint Barbara allen Figuren etwas vorauszuhaben, denn sie hat in den Augen ihrer Schulfreundin Hanni durch die Heirat mit einem aufstrebenden Politiker das große Los gezogen. Auch muss die Neurologin nicht um ihre Arbeit in der psychiatrischen Abteilung des Krankenhauses Dösen fürchten, die mit Patienten wie Ernst Meurer gut ausgelastet ist (230). Seit sie aber in Andreas Unfall verwickelt war und Fahrerflucht begangen hat (was außer ihr nur Lydia wirklich weiß), ist ihr Leben zerstört. Von allen Frauen in dem Roman ist ausgerechnet die Nervenärztin am meisten zerrüttet.

Die Nachwende-Biografien vieler dieser Frauen in *Simple Storys* weisen (trotz großer Unterschiede im Detail) bestimmte Ähnlichkeiten auf. Auffällig ist, dass praktisch alle jüngeren weiblichen Hauptfiguren in dem Roman zunächst in den Reflex verfallen, Zuflucht

2.4 Personenkonstellation und Charakteristiken

Zuflucht bei Männern

bei Männern zu suchen. Sie haben keine Schwierigkeiten, Partner zu finden, denn sie sind alle auf ihre besondere Weise attraktiv und werden teilweise heftig umworben. Sie kehren in die traditionelle Rolle der Schutzbedürftigen zurück, die sich bei dem vermeintlich stärkeren Geschlecht anlehnen möchte. Männer sollen als Bollwerk gegen die befürchtete Anarchie dienen, in einigen Fällen aber auch für finanzielle Sicherheit sorgen oder die neu geweckten Konsumwünsche erfüllen. Allerdings müssen alle Frauen ausnahmslos erkennen, dass die Männer angesichts dieser Erwartungen überfordert sind oder gar nicht beabsichtigen, ihnen zu entsprechen. Erste Warnzeichen können die Sperrung der EC-Karte wie bei Martin Meurer (43) oder der Kreditkarte wie bei Christian Beyer (178) sein. Meistens gibt es einen konkreten Moment, in dem die Hoffnung in Enttäuschung umschlägt.

> Conni Schubert durchläuft diesen Prozess der Ernüchterung als Erste und besonders heftig. Die Kellnerin im Hotel „Wenzel" projiziert ihre ganzen Hoffnungen auf den westdeutschen Immobilienmakler Harry Nelson, den sie sich vorstellt als „meinen zukünftigen Mann, den Vater meiner vielen Kinder, der mit niemandem vergleichbar war, der mir die Welt zeigen und alles verstehen, der mich beschützen – und rächen würde" (29). Nelson nötigt Conni dann aber gewaltsam zu einem Geschlechtsakt auf einem „Rasenstück" (28), der ihr wie ein „Unfall" (29) vorkommt.
> Andrea Meurers Mann Martin ist für die Aufgabe als Beschützer der Familie in schwierigen Umständen besonders ungeeignet. Er gerät genauso in „Panik" wie Andrea (44), als das Geld knapp wird. Auch verhindert er nicht, dass seine Frau sich in eine gefährliche Situation begibt und ungeübt Fahrrad fährt. Ihren Tod hat er unbewusst sogar gewünscht, um sich damit der Verantwortung für sie zu entziehen (109).
> Für Lydia kommt der Einschnitt in der Beziehung zu Patrick, als er während der Verfolgungsjagd auf der Landstraße kopflos reagiert: „Du hast dich überhaupt nicht um mich gekümmert, als

2.4 Personenkonstellation und Charakteristiken

er an uns drangebumst ist. [...] Du hättest mir wenigstens deine Hand geben können oder sagen, daß ich keine Angst haben muß, daß du mich beschützt, irgend so was." (72)

➢ Barbara wirft ihrem Mann Mutlosigkeit vor, weil er nicht eingriff, als sie vor dem Ratskeller belästigt wurde (Kapitel 14). Was den Unfall anbetrifft, spürt sie einen Zwang zur Verstellung, weil sie fürchten muss, dass ein offener Umgang damit seine Karriere gefährden könnte (vgl. 194). Frank will auch nicht wirklich wissen, was hinter ihren Angstzuständen und Alpträumen steckt, und vermeidet das Gespräch sogar, als sie direkt sagt, was sie quält: „‚Frank', flüstere ich, ‚ich habe jemanden umgebracht.'" (93). Stattdessen steht ihm ott gerade in Momenten, in denen es Barbara schlechtgeht, der Sinn danach, mit ihr zu schlafen.

➢ Hanni sucht nacheinander bei mehreren Männern vergeblich Geborgenheit und Glück. Um ihren ausgesprochenen Wunsch nach Luxus zu erfüllen, muss sie aber schon auf eigene „Ersparnisse" (178) zurückgreifen. Den vermeintlich erfolgreichen Christian Beyer muss sie selbst unterstützen („Und dich leiste ich mir auch noch. Und italienisches Mineralwasser." 178), bis er sie schließlich verkappt zur Prostitution auffordert (Kapitel 23).

➢ Jenny wiederum wendet sich an Dieter Schubert, der ihr Geld schenkt, bei dem sie aber vor allem „väterliche Gefühle" und „Schutzinstinkte" erhofft (279). Er ist für sie einer der Alten, die gut erzählen und ihr die Welt, vor allem „den ganzen Osten" (171) erklären können. Später schockiert er sie dann aber mit seiner Pornogeschichte.

➢ Danny schließlich versucht von den jüngeren weiblichen Hauptfiguren in *Simple Storys* am meisten unabhängig zu bleiben, wird aber trotzdem nacheinander von Edgar und Patrick enttäuscht, die es beide nicht schaffen, dauerhaft die schwierige Verantwortung für Tino mit ihr zu teilen. Von Patrick fühlte sie sich aber schon viel früher „verraten" (288), denn er habe „Schiß" gehabt, als es darum ging, der Zeitung, bei der sie beide arbeiteten, eine politische Ausrichtung zu erhalten und persönlich Flagge zu zeigen.

2.4 Personenkonstellation und Charakteristiken

Trennungen

Die meisten Beziehungen zerbrechen unter dem Stress und den falschen Erwartungen, denen sie ausgesetzt sind. Lydia erkennt, dass sie selbst dafür verantwortlich ist, „Ordnung in mein Leben zu bringen" (275). Als Konsequenz erleben einzelne Frauen in *Simple Storys* innerhalb weniger Jahre gleich mehrere Trennungen. Nur Barbara bleibt ohne Unterbrechung mit Frank zusammen, aber ihr Eheleben wird durch ständigen „Streit" (192) und „Mißverständnisse" (193) unerträglich.

Hilfreiche Eigenschaften der Frauen

Einige Frauen verfügen jedoch über Eigenschaften, die ihnen helfen, Krisen zu überstehen. Hanni etwa wird durch ihre große Beharrlichkeit und ihre Redseligkeit zwar auch zu einer komischen Figur, es gelingt ihr aber dadurch, ihre drohende Isolation zu verhindern. Sie stellt den Kontakt mit Barbara wieder her, findet mit Marianne eine mütterliche Freundin und heiratet schließlich doch noch mit Pit Meurer einen Mann, der sie liebt. Dabei hilft ihr nicht zuletzt, dass sie den „Lockruf" (144) wiederentdeckt hat in Gestalt des „pinkfarbenen Slip[s]" (256), den sie effektvoll in Szene setzt. Jennys Stärke wiederum sind ihre kommunikativen Fertigkeiten. Sie wendet sich anderen im Gespräch auf eine Art zu, die diese dazu anregt, sich zu öffnen und sich ihr mitzuteilen. Obwohl sie in einigen Situationen noch naiv und unerfahren wirkt, gelingt ihr dies vor allem bei Dieter Schubert. Sogar bei der Begegnung mit Marianne, die erfahren hat, dass ihr Mann sich mit Jenny getroffen hat, entsteht Intimität zwischen den beiden Frauen. Die Erfahrungen der Menschen, die sich ihr anvertrauen oder ihr Geschichten erzählen, saugt Jenny begierig auf und verwandelt sie in einen Teil ihres eigenen Lebens. Zugleich hat der Umgang mit ihr (die nicht zufällig eine Ausbildung als Krankenschwester macht) eine heilende Wirkung auf die anderen. Sie gehört neben Danny (wegen Tino) und Marianne (wegen Hanni) in die Reihe der Figuren, die sich durch Fürsorge und Solidarität auszeichnen. Diese Frauen halten damit die Gesellschaft in einer Zeit zusammen, in der alles auseinanderzutreiben droht, und sichern damit auch ihr eigenes Überleben.

2.4 Personenkonstellation und Charakteristiken

Danny und Barbara sind zwei Frauen, die den Anschluss an die Gesellschaft am Ende verloren haben. Für Barbara beginnen die Grenzen zwischen Albtraum und Realität, „Leben und Tod" (189) immer mehr zu verschwimmen. Sie wird apathisch und hat Mühe, den Alltag zu bewältigen. An Danny demonstriert der Roman auch, dass Engagement und Hilfsbereitschaft unbeabsichtigte Folgen haben können. Ihr Kampf gegen die Kommerzialisierung der Zeitung führt sie in einen Dauerkonflikt mit ihrem Arbeitgeber. Vor allem vereinzelt sie sich aber, weil sie sich von der Elternrolle für den verstörten Tino vollkommen vereinnahmen lässt. Sie nimmt auch ihre Patenschaft für ein weiteres Kind sehr ernst, bis Edgar sich bei ihr nur als „Beifahrer" fühlt (205). Zu dieser Situation trägt maßgeblich Dannys Verhalten bei, welches in vielerlei Hinsicht das Gegenteil von Jennys ist. Sie ist häufig zu kompromisslos und wenig gesprächsbereit. Sie kommuniziert nur sehr direkt und nimmt alles wörtlich. Deshalb begreift sie nicht, was der vernachlässigte Edgar andeutet, als er ihr die Zeitungsmeldung über Unfälle durch masturbierende Lkw-Fahrer hinhält oder über den Elefanten Leo spricht, der seinen Wärter zerquetscht hat (118, 127). Danny sorgt dafür, dass ihr nichts zu nahekommt. Sie hat ein großes Wutpotenzial, das deutlich zum Vorschein kommt, u. a. als sie Edgars Geschichte über die zwei Kinder in der Eisenbahn heftig zurückweist. Die Zweifel an ihren Erziehungsgrundsätzen, die er darin verpackt, kann sie nur als Vorwurf deuten. Verbissen klammert sie sich an die Theorien aus den Psychologiebüchern (206), die sie liest, versteht aber die Welt um sich herum gar nicht. Zeichen ihres Rückzugs nach innen sind die kurzen Haare, mit denen sie sich für Edgar unattraktiv macht (205). Dass sie sich ihre „Locken" (286) später noch einmal für Patrick wachsen lässt, hält ihn aber nicht davon ab, sie wegen Lydia wieder zu verlassen. Das letzte Gespräch mit ihm ist ein weiterer Beleg für die vielen groben Täuschungen, denen Danny sich hingibt, z. B. über das Verhältnis zwischen Lydia und Barbara (290). In ihrem „grauen Ohrensessel", dem „Monstrum" (116), auf dem Edgar und später Patrick sitzen (126, 283), spiegelt sich ihr Verhältnis zu Menschen

> Danny und Barbara als scheiternde Figuren

2.4 Personenkonstellation und Charakteristiken

wider. Edgar ist anfangs noch bereit, ihn beim Umzug mühsam auf den Schultern zu balancieren (116), später befleckt er ihn bei einem Seitensprung, und nachdem Patrick gegangen ist und das „Zuschnappen des Schlosses" (291) jede Hoffnung beendet, nimmt Terry, Tinos Hund, den „grauen monströsen Sessel" endgültig in Besitz (292). Durch den Terrier hat Danny auch noch einen „Flohstich an ihrem Knöchel" (291), was sie fast wie eine Aussätzige wirken lässt.

Männer

Konkurrenzkampf

Die meisten jüngeren Männer in *Simple Storys* fühlen sich durch die Auflösung der alten Sicherheiten und Bindungen auf ein individuelles Schicksal als Teilnehmer am Wirtschaftsleben mit seinen sämtlichen Risiken und Chancen zurückgeworfen. Sie verstehen den Übergang vom Sozialismus zum Kapitalismus als Auftrag, sofort den verschärften Konkurrenzkampf aufzunehmen. Anfangs sehen auch einige Frauen Wirtschaft und Gesellschaft in ihrer neuen Verfassung als Bereiche, in denen sich nun „die Spreu vom Weizen" trenne (26), womit gemeint ist, dass lediglich die „Starken" bestehen können. Aber Frauen wie Renate, Marianne und Conni gehen dann (obwohl durchaus erfolgreich) eher sachlich und ohne viel Aufhebens ihrer Berufstätigkeit nach, während für viele Männer das Selbstwertgefühl deutlich mehr von Beruf und Gehalt abhängt. Selbst Enrico glaubt, nachdem ihm Frank auf das Drängen Barbaras hin eine Beschäftigung angeboten hat: „Siehste, bin doch ein richtiger Mann, kann richtig Geld verdienen" (198). Als Inbegriff des Erfolgreichen gilt der „Killer" (128), der hier in der Gestalt des provisionsabhängigen Anzeigenvertreters erscheint. Er schaltet seine „Mitbewerber" (131) ohne Rücksicht und auch mit unfairen Mitteln aus. Seine „Bewegungen sind sportlich", sein Äußeres ist adrett, und er kleidet sich in „Blazer, Krawatte und hellbraune Slipper" (128).

Unterbewusst wird dieses Leben als Rückfall in naturhafte, vorzivilisatorische Zustände empfunden, in denen der Mensch wieder

2.4 Personenkonstellation und Charakteristiken

zu einem in freier Wildbahn lebenden Organismus mutiert. Ernst Meurer, der wie Dieter Schubert eine Teilnahme an diesem Kräftemessen gar nicht mehr in Erwägung zieht, muss an den „Darwinschen Kampf der Arten" denken und überlegt, ob es „in den Genen angelegt [ist], daß der Mensch danach strebt, Gipfel zu erobern" (81). Danny gewinnt später den Eindruck, dass für die Männer „nur die eigenen Gene" zählen (286). Sowohl Edgar als auch Patrick wollen eigene Kinder und sich nicht nur um Tino kümmern, weshalb sie Danny wie „die Tempelpaviane in Bangkok" (286) erscheinen.

Mehrere der männlichen Figuren, die sich dem neuartigen Konkurrenzkampf stellen, sind dafür nicht gut gerüstet. Keiner hat in Wirklichkeit die dafür notwendige Härte und Mentalität. Die Glücksvorstellungen vieler Männer sind Bilder des stillen Einklangs, der Harmonie von Mensch und Natur und deshalb mit ihrem täglichen Handeln kaum zu vereinbaren. Frank Holitzschek erinnert sich zum Beispiel wehmütig an einen Urlaub mit Barbara in Spanien; dort hörte er „das Echo der Schiffssirene, das von den Bergterrassen immer leiser zurückkam [...] Und abends wußte man nicht, wo das Meer aufhört und der Himmel anfängt, alles silbergrau, ohne Unterschied" (192). Ein fester Bestandteil dieses Glücks ist die Liebe einer Frau, deren Gegenwart eine Leichtigkeit vermittelt, welche es in der an Erfolg und Leistung ausgerichteten Umgebung nicht gibt. Das ideale Zusammenleben mit einer solchen Frau schafft die gesellschaftlichen Zumutungen und Zwänge aus der Welt und ist daher „das reine Wunder" für Enrico: „War richtig schön hier, reinste Harmonie. [...] Ich schreib, Lydia liest, Kitty läßt ne Pfote von der Lehne hängn und schnarcht. In der Küche duftets nach Kuchen." (199) Während Enrico dies immerhin noch für kurze Zeit erlebt, bleibt es für Edgar reine Phantasie; er spricht nur im Konjunktiv von seinem Wunsch, „Danny wäre zu mir herübergerutscht, hätte den Kopf an meine Schulter gelegt [...] Und am Abend hätte ich den Wagen bis ans Seeufer gefahren, sie auf die Augen geküßt und geflüstert: ‚He, Danny, schau mal, wo wir sind.'" (215) Enricos und Edgars paradiesische Vorstellungen von der Liebe sind mit den sozialen Realitäten, aber auch mit den

Glücksvorstellungen

2.4 Personenkonstellation und Charakteristiken

Enrico und Edgar als scheiternde Romantiker

individuellen Bedürfnissen der Frauen nicht vereinbar. Beide werden verlassen und geben ihr ohnehin nur halbherziges Streben nach beruflichem Emporkommen auf. Nach Martin Meurer sind sie die nächsten Männerfiguren des Romans, die aus dem Wettkampf um Geld und Status ausscheiden. Die beiden widmen sich anschließend noch intensiver ihrer Leidenschaft, dem Schreiben bzw. dem Geschichtenerzählen (vgl. 2.3). Für Enrico zerplatzen seine Träume wie die Schaumbläschen aus der „Meister Proper"-Flasche in seinem Waschbecken (202 f.), als Lydia seine Wohnung verlässt. Fortan verwahrlost er zunehmend und wird immer skurriler, bis er seine irdischen Besitztümer auf den Müllcontainer wirft und durch einen vermutlich absichtlich herbeigeführten Genickbruch im Treppenhaus ums Leben kommt. Auch Edgar bekommt schließlich „irgend etwas [...] einfach nicht in den Griff, ohne zu wissen, was" (214). Er liebt die Danny seiner Wünsche weiter, aber nur aus der Entfernung. Dass er nach seiner Entlassung als Anzeigenvertreter ein Leben als Kraftfahrer wählt, liegt nahe: Es erinnert ihn an das Zeitungsfoto unter der Überschrift „Frust statt Lust", das er Danny gezeigt hatte. Wie dem Fahrer des umgekippten Lkws auf dem Bild bleibt ihm immerhin „Masturbation unterm Lenkrad" (118).

Die Unternehmer Christian und Raffael

Ein anderer Mann, der Danny vergeblich liebt, ist Christian Beyer. Er ist außerdem neben Raffael Günther der zweite Mann in *Simple Storys*, der sich gleich nach der Wende selbstständig macht. Sowohl Christian wie auch Raffael vereinzeln dadurch. Raffael leidet darunter, dass ihn „hier alle für den großen Macker" (99) halten und von ihm Großzügigkeit erwarten, obwohl er sich verschulden musste und sein Taxi-Unternehmen mit großen Startschwierigkeiten kämpft. Viele in seiner Umgebung wissen nichts von seinen Existenzängsten, glauben aber immer, verglichen mit ihm zu wenig zu verdienen. Sie laden ihre Wut an ihm ab, was ihn ratlos macht (99). Raffael bewahrt sich trotzdem seine Menschlichkeit, die er seinem alten Freund Orlando und auch Enrico gegenüber beweist, aber er identifiziert sich letztlich auch nicht vollständig mit seinem Dasein als Kleinunternehmer und träumt von einem Ausstieg in ein Leben, bei dem man das Gefühl hat, „alles sei zu schaffen" (304). Bei Christian Beyer ist der Eindruck, die Kontrolle über sein Leben zu verlieren, viel stärker als bei Raffael. Seine Isolation beruht auch darauf, dass er von Beginn an alles Menschliche dem geschäftlichen Erfolg seiner Anzeigenzeitung unterordnet. So setzt er seine Angestellten unter Druck und erwartet von Danny als Voraussetzung für ihre Einstellung quasi eine Garantie, dass sie auf eine Schwangerschaft verzichten wird (33). Dennoch gerät er immer wieder in finanzielle Schwierigkeiten. Durch Fehler im Betriebsablauf verliert er wichtige Kunden wie das „Möbelparadies" und muss sich, als er dort beim Geschäftsführer vorsprechen will, eine erniedrigende Behandlung gefallen lassen. Der Versuch, seinen Widersachern durch Wohlverhalten und Anpassung entgegenzukommen, führt nicht zu dem gewünschten Resultat. Das Gefühl, fremdbestimmt und überfordert zu sein, ergreift hingegen immer mehr von ihm Besitz. Im Vergleich zu sich selbst findet er Menschen, die aufgrund einer „Dürre" alles verloren haben, beneidenswert, denn in solchen Fällen liegt höhere Gewalt vor und niemand kann dem Opfer vorwerfen, dass „du keine Ahnung hast oder ein Versager bist. Alle Wut entlädt sich auf den lieben Gott, wenn überhaupt" (183). Er hingegen „fühlt sich preisgegeben" (178), undurchschaubaren Mächten ausgeliefert. Schließlich nimmt er nur noch mechanisch an seinem Leben teil, hat sogar manchmal den Eindruck, „als hätte an seiner Stelle ein anderer im Chefzimmer der Zeitung gesessen" (246). Hanni fasst sein Lebensgefühl folgendermaßen zusammen: „Du hast gesagt, du fühlst dich wie eine Fliege, eine Fliege zwischen Fenster und Gardine." (250) Wie das Insekt kann auch Christian nur immer wieder sinnlos gegen die Scheibe prallen, unfähig zu entkommen. Die Qual wird erhöht, weil er sich dabei auch noch von seiner Mitwelt beobachten lassen muss wie von Pit, Edgar und Marianne im Vorzimmer des „Möbelparadieses": „und alle können dir dabei zusehen" (250). Seine Lage spitzt sich zu, nachdem er sich durch Pannen bei der Buchhaltung erpressbar gemacht hat. Nun ist er darauf angewiesen, dass Hanni mit dem

> Rein mechanische Teilnahme am Leben

2.4 Personenkonstellation und Charakteristiken

Rechnungsprüfer schläft, um die Sache aus der Welt zu schaffen. Der Leser erlebt Christian zuletzt, wie er nackt und frierend auf seinem Sofa sitzt und das Vorbeifahren einer Lokomotive im Fernsehen als Beischlaf zwischen Hanni und dem Erpresser phantasiert: „Er glaubte, das Keuchen der Dampflok zu hören, das regelmäßige Schlagen der Räder, wenn Schiene auf Schiene stieß." (253) Seine Beziehungen zur Welt sind endgültig maschinenhaft-unpersönlich geworden. Deshalb ist für ihn hier „Sendeschluß" (Kapiteltitel), und er verschwindet aus dem Blickfeld des Romans.

2.5 Sachliche und sprachliche Erläuterungen

Simple Storys (Titel)	Der Titel des Romans mischt englische und deutsche Sprachelemente und deutet damit auf die Verbindung eines ostdeutsch-kleinstädtischen Handlungsschauplatzes mit einer angloamerikanischen Literaturtradition hin. Das Wort „simple" kann dabei als ironisches Understatement verstanden werden, denn die Geschichten, die der Roman erzählt, sind keineswegs schlicht oder einfach. Die „Storys" (engl. „stories") sind als Lehnwort der deutschen Rechtschreibung angepasst.
Assisi (15)	Ort in Umbrien mit gut erhaltenem mittelalterlichem Stadtbild; Geburtsort des Heiligen Franz von Assisi
illegale Reise (15)	In den Wirren Anfang 1990 konnten DDR-Bürger schon ihr Land verlassen; die rechtlichen Voraussetzungen und Dokumente, um etwa nach Italien zu reisen, waren aber noch nicht in vollem Umfang geschaffen.
Darstellung Dantes (17)	Dante Alighieri (1265–1321), italienischer Dichter, auf dessen Vision der Hölle aus seinem Werk *Die Göttliche Komödie* in der ersten Story mehrfach angespielt wird. Für Ernst Meurer wird die erste Reise in den Westen zum Eintritt in seine eigene Hölle.
Perugia (18)	Hauptstadt der Region Umbrien in Italien

2.5 Sachliche und sprachliche Erläuterungen

con funghi (19)	Ital.: mit Pilzen
Zeus (20)	Der höchste Gott in der griechischen Mythologie
Altenburg (24)	Ehemalige Residenzstadt im Osten des Freistaates Thüringen, gehört zur Metropolregion Sachsendreieck. 2006 ca. 37.000 Einwohner.
DSU (26)	Deutsche Soziale Union: Eine 1990 in Leipzig gegründete konservative Kleinpartei, deren Mitgliederschwerpunkt in den neuen Bundesländern liegt.
Rückgabe statt Entschädigung (34)	In der DDR enteigneter Besitz sollte nach einem Beschluss der Bundesregierung grundsätzlich an ihre ehemaligen Eigentümer oder deren Erben zurückgegeben werden (vgl. Kapitel 1.2). Aus verfassungsrechtlichen Gründen wäre eine andere Lösung schwer durchsetzbar gewesen.
Nord (34)	Altenburg-Nord ist ein in den siebziger Jahren errichtetes Neubaugebiet im DDR-typischen Plattenbaustil.
Russenwohnungen (34)	Altenburg war ein Stationierungsort der Roten Armee.
nolens volens (36)	Lat. Redewendung: notgedrungen, wohl oder übel
Kaufhalle (45)	DDR-sprachlicher Begriff für einen großen Supermarkt mit Selbstbedienung, wie sie von der staatlichen Handelsorganisation (HO) betrieben wurden.

2.5 Sachliche und sprachliche Erläuterungen

Neurologin (53)	Fachärztin für Erkrankungen des Nervensystems
Vernissage (62)	Aus dem Frz.: Eröffnung einer Kunstausstellung vor Publikum
VdN (81)	In der DDR übliche Abkürzung für „Verfolgter des Nationalsozialismus"; Voraussetzung für die Zuerkennung dieser Bezeichnung war, dass jemand im Dritten Reich wegen antifaschistischer Einstellung mindestens sechs Monate inhaftiert war.
Volkssolidarität (82)	Eine 1945 gegründete Hilfsorganisation, die in der DDR für alte Menschen, Kranke usw. sorgte; nach der Wende als Mitglied in den Paritätischen Wohlfahrtsverband eingetreten
Dispatcher (101)	In der DDR Bezeichnung für koordinierende Berufe im Eisenbahnwesen, im ÖPNV, in der Schifffahrt, im Speditionswesen und im Braunkohlenbergbau. Im Eisenbahnwesen ist der Dispatcher dem Disponenten einer Betriebszentrale vergleichbar, im ÖPNV einem Verkehrsmeister und in der sonstigen Logistik dem Disponenten.
Knast (129)	Knast haben: umgangssprachlich (v. a. in Ostdeutschland) für hungrig sein
Blauhemd (135)	Kleidungsstück, das von Mitgliedern der FDJ (Freie Deutsche Jugend) getragen wurde; die FDJ war eine staatliche Massenorganisation mit einer bedeutenden Funktion in der DDR.

2.5 Sachliche und sprachliche Erläuterungen

Big Bang (156)	Bezeichnung für die Entstehung des Universums nach der Urknall-Theorie
Kampfgruppe (159)	Offizielle Bezeichnung: „Kampfgruppen der Arbeiterklasse"; bewaffnete paramilitärische Organe auf der Ebene der Betriebe, die als Ergänzung zur Volkspolizei (VP) und Nationalen Volksarmee (NVA) aufgestellt wurden. Die Teilnahme war freiwillig.
in die Braunkohle [...] zur Bewährung (171)	Gemeint ist ein Arbeitseinsatz im Tagebau, zu dem der Lehrer Schubert wegen seines politischen Fehlverhaltens verpflichtet wurde.
Michendorf (172)	Raststätte an der Transitstrecke zwischen West-Berlin und Helmstedt mit einem Laden, der hochwertige Konsumgüter an Westreisende verkaufte
Putte (190)	In der Malerei oder Skulptur eine nackte Kindergestalt
Candelaria (192)	Ort auf der kanarischen Insel Teneriffa; zu Spanien gehörend
Gretchenfrage (196)	Ausdruck für eine unangenehme Frage, deren Beantwortung jemand bislang ausgewichen ist; hergeleitet von der Frage, die Gretchen in Goethes Drama *Faust* der Titelfigur stellt: „Nun sag, wie hast du's mit der Religion?" (Vers 3415)
Freundeskreis (196)	In der DDR Arbeitskreise des Kulturbundes (siehe unten), nach der Wende auch eigenständige Interessengemeinschaften

2.5 Sachliche und sprachliche Erläuterungen

Kulturbund (196)	Kulturelle DDR-Massenorganisation zur Pflege von Interessen und Hobbys
Urania (196)	In der DDR Gesellschaft zu Verbreitung wissenschaftlicher Erkenntnisse
Inlay (200)	Nicht ganz billige Zahnfüllung, die z. B. aus Gold oder Keramik bestehen kann
C. G. Jung (206)	Wichtiger Vertreter der Tiefenpsychologie (1875–1961) und Begründer der Analytischen Psychologie
die Miller (206)	Die Kinderpsychologin Alice Miller (* 1923)
Jugoslawien (210)	Hinweis auf die Jugoslawienkriege, die seit 1991 zum Zerbrechen der staatlichen Einheit des Landes führten
Mann ohne Eigenschaften (213)	*Der Mann ohne Eigenschaften* (1930/33/43): unvollendeter Roman von Robert Musil (1880–1942)
Veni, vidi, vici (216)	„Ich kam, ich sah, ich siegte." Zitat von Julius Cäsar
Plasteschüsseln (219)	Plastikschüsseln; Plaste ist in Ostdeutschland das Synonym für Plastik und Kunststoffe im Allgemeinen.
Mireille Mathieu (219)	Französische Sängerin (* 1946)
Juliette Binoche (219)	Französische Schauspielerin (* 1964)
Brčko (220)	Stadt im Norden von Bosnien-Herzegowina
Clausthaler (222)	Eine alkoholfreie Biermarke
Makronisos (222)	Griechische Insel, die in der Vergangenheit als Verbannungsort und Straflager benutzt wurde, auch für Kommunisten während des Bürgerkriegs von 1947–1949

2.5 Sachliche und sprachliche Erläuterungen

hier im Museum (222)	Das Lindenau-Museum in Altenburg beherbergt eine der bedeutendsten Sammlungen frühitalienischer Malerei außerhalb Italiens.
von Ungarn 56 und von Prag 68 (231)	Sowohl der Volksaufstand in Ungarn von 1956 wie auch die Demokratisierungsbemühungen der Kommunistischen Partei in der Tschechoslowakei 1968 (sog. Prager Frühling) wurden von der sowjetischen Armee bzw. Truppen des Militärbündnisses der Ostblockstaaten (sog. Warschauer Pakt) gewaltsam beendet.
CDU (232)	Die Christlich-Demokratische Union Deutschlands war eine der sogenannten Blockparteien, die es neben der Sozialistischen Einheitspartei in der DDR gab, die aber die Führungsrolle der SED anerkennen mussten und keine eigenständige Politik treiben durften.
„Ex oriente lux" oder „pax" (232)	Aus dem Lat.: „Aus dem Osten (kommt) das Licht" oder „der Frieden".
Giotto (233)	Giotto di Bondone (1267–1337), italienischer Maler, entscheidender Wegbereiter der italienischen Renaissance
Apparatschik (235)	Aus dem Russischen stammende Bezeichnung für einen Parteifunktionär; wird im Deutschen in abwertender Weise benutzt, etwa im Sinne von „Parteibonze"

2.5 Sachliche und sprachliche Erläuterungen

Lenins Arbeitszimmer (239)	Das Arbeitszimmer, das Lenin (1870–1924), der führende Kopf der Oktoberrevolution und der Kommunistischen Partei der Sowjetunion, von 1918–1922 im Moskauer Kreml nutzte, wird bis heute im Zustand wie zu seinen Lebzeiten erhalten.
Necessaire (241)	Aus dem Franz.: Reisebehälter für Toilettenartikel; Synonym für Kulturbeutel, Waschbeutel. Hier: Behältnis mit Nagelpflegeutensilien
Plowdiw (247)	Die zweitgrößte Stadt in Bulgarien
Feudalismus (248)	Gesellschaftsformation des Mittelalters; in der DDR geläufiger Begriff, weil er zentral ist für die Geschichtsvorstellung des Marxismus. Demzufolge geht der vom Adel getragene Feudalismus dem Kapitalismus voraus, der seine Basis im Bürgertum hat.
Roland Ducke (252)	(1934–2005), bekannter Fußball-Nationalspieler der DDR
Heinz-Florian Oertel (252)	(* 1927), der bekannteste Sportreporter im Radio und Fernsehen der DDR
Jürgen Frohriep (252)	(1928–1993), bekannter DDR-Schauspieler
Kohren-Sahlis (283)	Kleinstadt im Landkreis Leipziger Land in Sachsen mit einigen Sehenswürdigkeiten

2.6 Stil und Sprache

Kurzgeschichte

Stilmerkmale

Einige der wichtigen Merkmale von Sprache und Stil in Ingo Schulzes Roman verdanken sich der Nähe zur Gattung Kurzgeschichte. Dies betrifft den hohen Anteil an szenischem Dialog, also unkommentierter wörtlicher Rede. Auch die vielen, mitunter ein Drittel einer Story einnehmenden Monologe, in denen Figuren ihren psychischen Zustand nach außen kehren, sind in Kurzgeschichten oft anzutreffen. Beispiele hierfür sind Dannys Klage über Patrick und Lydia in Kapitel 27 und Enricos Bericht über Lydias Verschwinden in Kapitel 19. Weiterhin ist das bereits im Abschnitt 2.3 erwähnte andeutend-ausschnitthafte Erzählen und das Netz von Motiven und hintergründigen Sinnzusammenhängen im Kontext der Kurzgeschichte zu sehen. Dadurch erhalten die kurzen und relativ handlungsarmen Storys einen Assoziationsreichtum und eine symbolhafte Verdichtung, welche die geschilderten Momente und Figuren aus ihrer Alltäglichkeit herauslösen. Dass der Leser es hier ursprünglich mit Durchschnittsmenschen zu tun hat, erkennt er daran, dass oft Orte und Gegenstände des gewöhnlichen Lebens erwähnt werden. Aber selbst ein „Außenspiegel" (73) oder die verdrehte „Spiralschnur" eines Telefons (91) sind mit Bedeutung aufgeladen, weisen weit über sich hinaus und haben Entsprechungen in verwandten Motiven an anderen Stellen des Romans. Eine ähnliche Doppelfunktion (Signalisieren/Aufheben von Alltäglichkeit) haben auch die

Bedeutung des Alltags

ständige Erwähnung von Konsumgütern und Namen von Markenartikeln („Sechserpack Becks" 70, „Nescafé Gold" 92, „Sabatini-Parfüm" 120) wie auch die Verwendung von Anglizismen wie „Surprise, surprise" (70) und „ladylike" (71). Die Dialoge nähern sich der Sprechsprache an, was den Wortschatz und einige Verschleifungen bei der Wortbildung betrifft. So sagt Utchen einmal über Tino: „Wenn son Knirps erst mal nen Knacks weg hat, kannste dich eigentlich nur noch in Sicherheit bringen." (122) Allerdings vermittelt die Figurenrede nicht zusätzlich die regionale Mundart; man erfährt nur nebenbei, dass Neugebauer „sächselte" (79) und Martin „Dialekt" spricht (312). Nur sehr spärlich wird zudem das Vokabular des ehemaligen DDR-Deutsch eingesetzt. Man kann daraus folgern, dass auch die Sprache in der wörtlichen Rede also nicht allein der realistischen Abbildung des Alltags dient; sie geht sogar über die individuelle und soziale Charakterisierung der Figuren hinaus. Sie hat wie alles andere in *Simple Storys* Anteil an dem unter der Oberfläche verborgenen „eigentlichen" Sinn des Textes. Deshalb hört sich Utchens Rede von Tinos „Knacks" nur auf den ersten Blick harmlos an, denn sie setzt das Kind in eine unheilvolle Beziehung zum Stiefgroßvater, der auch einen „Knacks" (236) hat, und zu Enrico, der mit dem Schnalzen seiner Zunge („knack" 297) schon seinen späteren Genickbruch vorankündigt.

> Oberfläche und Subtext

Intertextualität

Ein weiteres Stilmerkmal von *Simple Storys* besteht in der Häufung von intertextuellen Bezugnahmen. Damit sind Anspielungen und Verweise auf andere Kunstwerke gemeint, wobei es sich in Schulzes Roman u. a. um literarische und andere Texte, aber auch um Filme, Gemälde und Opern handeln kann. Eher indirekt sind die Bezüge zu Raymond Carvers Kurzgeschichten und zu Robert Altmans Film *Short Cuts*, der Carvers Kurzgeschichten adaptiert und in seiner Erzählweise den *Simple Storys* ähnelt. Deutlicher zu erkennen sind die Bezüge zum Paradiesmythos der Bibel und zu den mittelalterlichen Höllenvisionen am Beginn des Romans, zur Literatur der Romantik und zu Mozarts *Zauberflöte*, um einige Beispiel zu nennen. Diese Intertextualität erfüllt mehrere Funktionen. Sie

> Anspielungen und Verweise

➢ vergrößert den Beziehungsreichtum des Romans;
➢ erweitert ihn nach außen über die Grenzen des Textes hinaus;

2.6 Stil und Sprache

- steigert die Perspektivenvielfalt;
- macht Traditionszusammenhänge deutlich;
- schafft in vielen Fällen ironische Distanz.

An einem Beispiel aus Kapitel 7 lässt sich dies verdeutlichen. Ernst Meurer hält sich auf dem Land auf und zwar im Ferienhaus des früheren Parteisekretärs Neugebauer. Der Befall dieses die alte Gesellschaft repräsentierenden Gebäudes mit Schimmel und Spinnweben stößt Ernst ab und lähmt ihn. Er gerät zunehmend in die Vorstellung hinein, dass sich anstelle des Vergangenen wieder ein naturhafter Zustand ausbreitet und dass sogar „Leben wie vor Millionen von Jahren wieder entstehen könnte" (83). Während Ernst sich diese Welt nur als unordentlich und gefährlich vorstellen kann, geprägt vom „Darwinschen Kampf der Arten" (81), sieht er zu seinem Befremden, wie seine Frau Renate hier in ihrem Element zu sein scheint. Sie verwandelt sich vor Ernsts Augen in den unbeschwerten Papageno, den Vogelmenschen aus der *Zauberflöte*, der Teil der Natur ist und sich nicht den Kopf über Dinge zerbricht, die er nicht ändern kann. Sie summt Papagenos Arie und singt laut die Zeile „stets lustig, heißa, hopsasa" (76), während sich Ernst ekelt und ängstigt. Als er am Morgen erwacht und seine psychische Zerrüttung endgültig geworden ist, fällt ihm sofort wieder die Papageno-Arie ein (85). Die Entfremdung der Eheleute erhält erst durch das Papageno-Motiv eine tiefere Dimension. Renate ist ein Naturmensch, der unbefangen denkt und lebt, während Ernst ohne eine feste Ordnung nicht existieren kann. Es handelt sich nicht nur um zwei Individuen, sondern um gegensätzliche Einstellungen zum Leben, die durch den Verweis auf die Quellen Darwin/Zauberflöte auch historisch hergeleitet werden.

Ironie

Distanzierung

Das Verständnis der intertextuellen Schichten des Romans hängt nicht unerheblich vom Vorwissen des Lesers ab und von seiner Bereitschaft, innezuhalten und über ihren Bedeutungsgehalt nachzudenken. Die Intertextualität ist somit ein Distanzierungsmittel wie die Ironie, mit der sie oft gemeinsam auftritt. Beide sind Teil des Spiels, das *Simple Storys* dem Leser vorschlägt und bei dem er auf unerwarteten Wegen zur Erkenntnis angeregt werden soll (vgl. 2.3). Ein Beispiel für eine versteckte und hochgradig ironische Anspielung auf griechische Mythologie findet sich, als Ernst Meurer auf einem abgeernteten Feld im Harzvorland eine „Radkappe mit dem Opelsignet" (81) darauf erblickt. Wenn man jetzt noch auf die Gestalt dieses Signets, nämlich den Blitz, kommt und außerdem bereit ist, die Berge im Hintergrund mit dem Olymp zu assoziieren, dann ist die Verbindung zum blitzeschleudernden Göttervater Zeus hergestellt. Von diesem fühlt sich Meurer aber in Gestalt des Bergsteigers Dieter Schubert (der in Italien auch von einem „Blitzableiter" [22] heruntergehangelt war) verfolgt. Die Natur ist für Ernst also nun nicht nur verwildert und bedrohlich, sondern zusätzlich noch der Aufenthaltsort und Machtbereich der Gewalt, die ihn beherrscht. Die Radkappe und der Anblick des Harzes machen damit die Umgebung endgültig zur Seelenlandschaft Ernst Meurers. Dies ist eine grundlegend verwandelte Natur im Vergleich zu der seines alten Gartens in Altenburg, mit dem der Roman ein weiteres ironisches Spiel mit Intertextualität treibt. An diesen Garten, in dem sie paradiesische Sommer verbrachten (22), müssen die Meurers denken, nachdem Schubert/Zeus in Perugia Ernst von der Kathedrale herab abgekanzelt hat. Zuvor war schon ihre „Proviantasche" erwähnt worden, aus der sie auch Äpfel verzehren (16, 23). Der Untergang der DDR wird so mit dem biblischen Sündenfall und der Vertreibung aus dem Garten Eden in Beziehung gesetzt. Ein weiteres Indiz dafür ist der Umstand, dass Martin Meurer nach der Wende seine Dissertation über die Darstellungen von Adam und Eva im Halberstädter Dom nicht fortsetzen kann (48). Dass es sich hier um Ironie handelt, ergibt sich schon daraus, dass die DDR in *Simple Storys* an keiner Stelle als Paradies charakterisiert wird. Eine Steigerung erfährt die Ironie aus dem Umstand, dass ausgerechnet die Tochter des zornigen Gottes Zeus/Schubert sich ebenfalls zur Sünde verleiten lässt. Als Schlange tritt dabei der westdeutsche Verführer Harry Nelson in Erscheinung, dessen „Adamsapfel" Conni „am meisten liebte" (25).

Kapitelüberschriften

Ironie schwebt über dem gesamten Roman schon wegen der Überschriften und der Kurzzusammenfassungen der Kapitel. Diese Anfänge überziehen den Inhalt der Storys mit feinem Spott, arbeiten die schon in den Geschichten verborgenen Widersprüche heraus und laden dadurch zur Reflexion ein. Der Erzähler macht sich dabei über seine eigene Kreation lustig; mit der Ironie verweist er auf die Begrenztheit seiner Möglichkeiten. Sie ist Teil eines Wechselspiels von Schöpfung und Selbstkorrektur wie in den Erzählungen des Romantikers E. T. A. Hoffmann (1776–1822), der mit den Kapitelanfängen einiger seiner Werke hier auch als Vorbild dient (und damit ein weiteres Beispiel für Intertextualität liefert).

Das Groteske

Verbindung wesensfremder Dinge

Auch die Verwendung des Grotesken stellt Schulzes Roman in die Tradition der Romantik. Diese scheinbar willkürliche Verbindung eigentlich wesensfremder Dinge in der Literatur, die Darstellung des Verzerrten und Entstellten, die sich bis zum schwarzen Humor, zum Lächerlichen und zum Monströsen steigern kann, hat ihre Ursache im Zustand der Psyche der Menschen, die *Simple Storys* bevölkern. Gerade im Zusammenhang mit den besonders verzweifelten Figuren kann der Erzählstil grotesk wirken. Die gesamte Szene mit Dieter Schubert an der Domfassade von Perugia, wo er mit „verkrümmtem Körper" wie ein „Wasserspeier" wirkt (21), ist grotesk wie auch die Kombination von „Apostelgeschichte und Topflappen" (104) in der Story mit Hans Reinhardt. Auch Enrico und Danny nehmen groteske Züge an. Der gescheiterte Schriftsteller kleidet sich am Ende so, dass man ihn für einen „Exhibitionist[en]" (293) halten kann, und er führt seine Katze an der Leine aus. Die attraktive und begehrte Danny, die schon ein „Monstrum" von Sessel ihr Eigen nennt (116), ist bei ihrem letzten Auftritt von Flohbissen entstellt (285).

2.7 Interpretationsansätze

Big Bang

Die Geschichte, die *Simple Storys* erzählen, ist paradox, denn es erscheint äußerst widersinnig, dass die bunt gemischte Gruppe von Figuren, die der Roman als Querschnitt durch die Bevölkerung der ehemaligen DDR versammelt, erst im Untergang dieses Staates zu einem Zustand der Gleichheit findet. Tatsächlich werden die Menschen aber durch die Gewaltsamkeit des „Big Bang" (156) vereint, als welcher sich die von vielen erhoffte und von anderen befürchtete Wende herausstellt und der alle in Mitleidenschaft zieht, unabhängig davon, welche Rolle sie davor spielten. Dies betrifft auch diejenigen, welche die Wende als Opfer politischer Verfolgung herbeigesehnt haben wie Dieter Schubert, und andere, denen sich sofort neue Möglichkeiten des Erfolgs und der Karriere eröffnen wie dem Ehepaar Holitzschek. Der unerwartet heftige und plötzliche „Big Bang" lässt zuerst nur alles zerfallen, was vorher war, und hinterlässt eine „Hölle" (15), wie es gleich auf der ersten Seite des Romans heißt. Deshalb scheint Dieter Schubert wie von Dämonen verfolgt, als er „mit verkrümmtem Körper, den Mund verzerrt" (21) von der Fassade der Kathedrale in Perugia herab den verhassten „Bonzen" Ernst Meurer beschimpft. Das erste Kapitel zeigt, wie unkontrollierbare Wut auf der einen Seite (Schubert) und Existenzangst auf der anderen (Meurer) eine Gesamtsituation erzeugen, die „spukartig" ist (21). In die Trümmer dieser heillosen, umgestürzten Welt stößt anschließend als Hauptmedium der Gesellschaft das „neue Geld" (26) vor und vollendet den Kollaps aller Gewissheiten. Das Geld verstärkt außerdem für kurze Zeit die neue Gleichheit der Menschen, indem es die meisten von ihnen einem ungewohnten Kampf um den Erwerb aussetzt, in dem viele zunächst schon deshalb keine Erfolgsaussichten haben, weil die Wirtschaft in Altenburg innerhalb kürzester Zeit von windigen westdeutschen Geschäfte-

Paradoxe Situation

Die Rolle des Geldes

2.7 Interpretationsansätze

machern wie Harry Nelson ausgeplündert wird. Beunruhigend ist außerdem, dass die „größten Ganoven" (234) aus DDR-Zeiten gleich wieder erfolgreich in Machtpositionen drängen, wie Renate Meurer beobachtet. Ihnen kommt dabei zugute, dass die Vergangenheit und deren Aufarbeitung im Zeichen des neuen Konkurrenzdrucks abrupt in Vergessenheit geraten: „Hauptsache, Geld und Arbeit und Wohnung und EC-Karte und daß man sich auskennt mit Gesetzen und Formularen. Was anderes interessiert nicht, nicht die Bohne." (235)

Motive und Bilder

Der „Big Bang" ist nur das zentrale Element in einem umfassenden Geflecht von Motiven und Bildern, welches den Roman durchzieht und immer wieder die Heftigkeit und Härte des historischen Bruchs von 1989/90 in Erinnerung ruft. Ein weiteres Sinnbild für die Wende ist die „Sintflut", die alles fortspült, ohne dass jemand bedacht hat, was „mit den Fischen" geschieht (307, 311). Schon als der Bürgerkriegsflüchtling Tahir von einem zerschlagenen Aquarium berichtet, fallen Martin Meurer sofort die Fische ein, „die noch lebten, noch zappelten" (221). Altenburg ist kein Kriegsgebiet wie das zerstörte Bosnien, aber Gewaltakte, Stürze und Unfälle häufen sich in einer Zeit, in der viele Menschen in Raserei versetzt werden, auch rein wörtlich verstanden am Steuer ihrer Fahrzeuge wie Martin, der seinen Führerschein verliert, weil er 66 km/h zu schnell gefahren ist (43), wie der Taxifahrer in Halberstadt (49) oder wie der junge Fahrer, der Patrick und Lydia nachts verfolgt (68–70). Lkws kippen um (118), und mehrfach ist in *Simple Storys* auch von zerquetschten Körpern (127) und von totgefahrenen Tieren (21, 64) die Rede. Auch Connis Vergewaltigung durch Nelson am Tag der Währungsunion, Dieter Schuberts plötzlicher Herztod, der Genickbruch bei gleich zwei Figuren (Andrea und Enrico) und der Sturz und Erfrierungstod von Martins Kommilitonen (224) gehören in den gleichen Zusammenhang. Erleben die Menschen keine Gewalt in der Wirklichkeit, dann phantasieren sie davon wie Peter Bertram oder wie Marianne Schubert, die sich unbedingt bewaffnen will (262). So werden sowohl das Knacken von Knochen (297) wie der „Knacks" (122, 236) in der Psyche der Menschen zu Kennzeichen des Zeitalters.

2.7 Interpretationsansätze

Die Amsel im Supermarkt

Der „Big Bang" der Wende macht die Menschen in *Simple Storys* orientierungslos. Manchmal findet sich jemand schon in der eigenen Wohnung schwer zurecht. Diese Figuren sind ungeschickt geworden, oder sie kämpfen mit der Tücke des Objekts wie Barbara Holitzschek, bei der mehrfach etwas „hakt", z. B. ihr Armband oder die Spiralschnur ihres Telefons (58, 91). Weiterhin gibt es zahlreiche Situationen, in denen Figuren versuchen, sich im Raum zu orientieren und sich dennoch in kalter, dunkler Umgebung verirren, bis sie nicht mehr wissen, wo sie sind. Im vierten Kapitel hält sich Martin Meurer in Halberstadt auf, wo er Schiffbruch erleidet, als er versucht, einer asiatischen Touristin am Bahnhof mit seinen gesamtdeutschen Ortskenntnissen weiterzuhelfen. Kurze Zeit später findet er sich in einer finsteren Straße wieder, stolpert über seine Tasche und hat Mühe, die Klingel der Pension zu ertasten (50). Die erste Hälfte des sechsten Kapitels handelt von den „Schwierigkeiten, im Dunkeln ein Haus zu finden" (62). Patrick und Lydia wollen Freunde besuchen, die aufs Land gezogen sind, und nehmen mehrfach die falsche Ausfahrt oder „Gabelung" (63), obwohl sie einen fast neuen „ADAC-Atlas" (62) benutzen, was Lydia so deprimiert, dass sie zu dem Schluss kommt: „Wir machen es immer falsch [...] Alles machen wir falsch." (65) Beim ersten Besuch der Meurers im Westen ist es einmal so „neblig", dass man „nichts sah" (17). Auch später gibt es „Nebelschwaden" (20), und am Tag, als Dieter Schubert stirbt, herrscht Nebel. So spiegelt sich der Orientierungsverlust in einer Natur wider, die den Menschen außerdem ähnlich in Unordnung gekommen zu sein scheint wie die Gesellschaft. Barbara Holitzschek hält einen langen Monolog über die „Erderwärmung" und darüber, wie sie die „inneren Uhren der Vögel verstellt" (55), so dass sich ihre Flugrouten zeitlich verschieben. Und wie die Amsel, die sie auf dem Gemüse im Supermarkt sitzen sahen, haben sich Christian Beyer und Hanni in der neuen Welt des Kapitalismus verloren, wo auch ihnen ein Tod „vor Panik und Erschöpfung" droht (249).

2.7 Interpretationsansätze

Abschied und Flucht

Durch die Erfahrung des „Big Bang" und der Erschütterungen, die er herbeiführt, können schwere Beeinträchtigungen der Gesundheit auftreten wie dauernde Schlaflosigkeit (Lydia und Barbara). Mehrere der Figuren im Roman haben auch die Neigung zu übermäßigem Alkoholkonsum. Weiterhin führt der „Big Bang" eine Reihe von problematischen Bewusstseinszuständen bei vielen Menschen in *Simple Storys* herbei. Der Roman zeigt, welche Beschädigungen der rapide Wandel der Gesellschaft nach sich ziehen kann: Dazu gehören

Beschädigungen des Ich

- Abstumpfung und Gleichgültigkeit wie bei Barbaras Mutter (92 f.);
- dauernde Ekelgefühle (Ernst Meurer);
- Hypersensibilität gegenüber Sinneswahrnehmungen (Ernst Meurer);
- übermäßige Selbstbeobachtung (der Spiegel ist eines der am häufigsten verwendeten Motive);
- Verfolgungswahn (der Alte mit dem Beil, Peter Bertram);
- Rückfall in frühere Entwicklungsstadien (Enrico kauert sich zusammen „wie ein Embryo", 65; auch für Ernst, Andrea und Hanni gibt es ähnliche Passagen);
- Sadismus und Masochismus (Peter Bertram, Dieter Schubert);
- das Gefühl, belauert zu werden (Danny und das Motiv der „Krokodilsaugen");
- unangemessene Wut und Reizbarkeit;
- Ohnmacht, Gefühl des Ausgeliefertseins (Christian Beyer);
- Depersonalisation (ein Dem-eigenen-Leben-Zuschauen wie bei Christian Beyer);
- Verschwimmen von Traum und Wachzustand (Barbara);
- Haltlosigkeit und Neigung zum Selbstmord (Enrico).

Suche nach Auswegen

Einen Ausweg aus ihren Schwierigkeiten suchen die Menschen in *Simple Storys* auffällig oft in der Flucht aus den alten Lebensverhältnissen oder im

Abschied vom Partner. Flucht und Abschied werden für die Jahre nach dem „Big Bang" praktisch zur verbreitetsten Lebensform. So kündigt Ernst Meurer seine Stellung und zieht sich völlig zurück. Martin wünscht sich Andreas Tod herbei, was dann auch tatsächlich geschieht; später lässt er Tino bei Danny. Diese verlässt ohne lange Erklärungen Edgar, der wiederum ein einsames Leben als Fernfahrer wählt. Andere verabschieden sich gleich ganz durch einen frühzeitigen Tod wie Dieter Schubert und Enrico Friedrich. Auf diese Weise dringen die Erschütterungen durch die historischen Ereignisse immer tiefer in die Familien vor und zerstören die Gesellschaft von innen heraus.

Blinking Baby

Am Ende des Romans finden sich zunehmend Anzeichen dafür, dass die Schockwellen des „Big Bang" langsam verebben könnten und dass sich für die Menschen ein Weg in die Normalität abzeichnet. Zumindest bietet sich ein ambivalentes Bild, das noch durch „den unglücklichen Friedrich oder die miesen Nachbarn" in Raffaels Haus getrübt wird (304), auch durch Patricks Trennung von Danny und Tino. Aber Abschied und Flucht stellen nicht mehr die Regel in Altenburg dar. Fortschritte deuten sich an, wenn die Figuren sich gelassen den drängenden Fragen zuwenden und eine Einstellung aufbringen, die jener ähnelt, wie sie Jenny in ihrer Geschichte über die „Sieben" vertritt (266). So muss auch Raffael erkennen, dass seinem Versuch, schnell und nebenbei den Ofen in seiner Wohnung und damit weitere Reste des alten Lebens zu entsorgen, kein Erfolg beschieden ist. Erst als er beim Loshacken der vereisten Kacheln auf dem Müllcontainer Zeit und Geduld aufwendet, fühlt er sich „richtig gut da oben" (304). Er kommt „nur mühsam voran, aber immerhin bewegte ich etwas [...] Es war nur eine Frage der Zeit." (304) Auch Lydia wirkt gefestigter, nachdem sie sich eine Zeit lang allein nach Berlin zurückgezogen hat. Dort gewinnt sie Abstand von Altenburg, beobach-

2.7 Interpretationsansätze

tet ihre Umgebung und denkt über ihr Leben nach. Anschließend scheint sie dessen Anforderungen besser gewachsen. Anlass zur Hoffnung bieten vor allem Frauen, darunter Marianne Schubert und Jenny (vgl. 2.3 und 2.4), die mit ihrem Verhalten die Utopie einer solidarischen Gesellschaft aufrechterhalten. Schließlich kann man in dem Ausklang des Romans sogar leicht optimistische Anklänge erkennen, was die deutsche Einheit betrifft.

Optimistischer Ausklang

Die letzte Story führt zwei Ostdeutsche nach Stuttgart; als sie am Ende Hand in Hand durch die Fußgängerzone in eine offene Zukunft gehen, haben sie den Eindruck, dass die Passanten „ein Spalier" für sie bilden (313). Sinnbild der neuen Mentalität ist die Signallampe, die Jan und Alex gestohlen haben und die nun auf Lydias Fensterbrett steht. Das „Blinking Baby" (273) erinnert als weiterer Anglizismus und vom Anlaut her an den „Big Bang" der früheren Kapitelüberschrift, aber das Zerstörerische fehlt dieser Baustellenlampe völlig. Sie wirkt „beruhigend" und verweist auf eine neue Wachsamkeit in Lydia. Schließlich verkörpert sie ihre Zuversicht, dass bald „alles wieder an seinem Platz" ist (282).

3. Themen und Aufgaben

Die Lösungshinweise verweisen auf die Kapitel der vorliegenden Erläuterung.

1) Thema: Danny und Edgar/Motivanalyse

- Analysieren Sie die Beziehung zwischen Danny und Edgar und wie sie sich verändert:
  a) in Kapitel 11
  b) in Kapitel 20
- Stellen Sie fest, welche zentralen Motive es in den beiden Storys gibt (z. B. den „Gebetsteppich" und den „Bratapfel") und welche Funktion sie haben für die Charakterisierung der Situation zwischen Danny und Edgar.
- Untersuchen Sie außerdem, mit welchen Mitteln die beiden Geschichten miteinander und mit anderen Storys verbunden sind.

Textgrundlage: Kapitel 11, Kapitel 12; für die letzte Teilaufgabe der gesamte Roman

Lösungshilfe: 2.3 und 2.4

2) Thema: Figurenkonstellation

- Im Reigen der möglichen Begegnungen zwischen den Figuren des Romans sind viele nicht realisiert; in anderen Fällen kann man sich vorstellen, dass nach dem zuletzt geschilderten Zusammentreffen weitere stattfinden werden. Erfinden Sie die Handlung zu Storys, in denen folgende Personen jeweils im Zentrum stehen:
  a) Frank Holitzschek/Jenny
  b) Hanni/Edgar
  c) Christian Beyer/Martin Meurer

Textgrundlage: der gesamte Roman

Lösungshilfe: 2.4

3. Themen und Aufgaben

> ▶ Ordnen Sie die Storys jeweils an einer geeigneten Stelle zwischen zwei Kapitel des Romans ein. Erfinden Sie anschließend weitere Konstellationen und die dazu passenden Geschichten.

3) Thema: *Ein Wunder*/Aufbau einer Story
> ▶ Analysieren Sie Stil und Aufbau der Story *Ein Wunder*. Stellen Sie fest, inwiefern es sich um eine idealtypische Kurzgeschichte handelt. Gehen Sie vor allem darauf ein, worin der krisenhafte Augenblick/Wendepunkt in Enricos Leben besteht. Deuten Sie auch Enricos Moment der Offenbarung (Epiphanie) am Ende der Erzählung.

Textgrundlage: Kapitel 19
Lösungshilfe: 2.3

4) Thema: Die Wende
> ▶ Erläutern Sie, wie Renate Meurer die Ereignisse seit dem Herbst 1989 darstellt und bewertet.
> ▶ Untersuchen Sie, wie Renate die Rolle Ihres Mannes beurteilt.
> ▶ Erörtern Sie selbst, wie groß Ernst Meurers eigene Verantwortung für seinen Niedergang ist.

Textgrundlage: Kapitel 22
Lösungshilfe: 1.2

5) Thema: *Die Killer*/Intertextualität
> ▶ Lesen Sie die Story *Die Killer* und notieren Sie Ihre Eindrücke. Besorgen Sie sich anschließend die Kurzgeschichte gleichen Namens von Ernest Hemingway und lesen Sie diese.

Textgrundlage: Kapitel 12
Lösungshilfe: 2.6

3. Themen und Aufgaben

- ▶ Vergleichen Sie die beiden Erzählungen; stellen Sie Parallelen und Unterschiede fest.
- ▶ Prüfen Sie, inwiefern sich Ihr Eindruck von Ingo Schulzes Story nach der Lektüre der Hemingway-Geschichte verändert hat. Überlegen Sie ebenfalls, mit welcher Absicht Schulze diese Fährte zu dem Text eines anderen Autors gelegt hat.

6) Thema: Multiperspektivität/Verfilmung

▶ Eine Erzählweise, die auf der Zusammenschau zahlreicher sich ergänzender Perspektiven und Handlungsstränge beruht, gibt es auch in Filmen wie *L. A. Crash*, *Babel* oder *Short Cuts*. Schreiben Sie einen Entwurf zu einer Verfilmung von *Simple Storys*. Dazu müsste die Zahl der Hauptfiguren reduziert werden (*L. A. Crash* und *Short Cuts* haben jeweils zehn bis zwölf) und es müsste ein zentrales Motiv geben (wie die Zusammenstöße in *L. A. Crash* oder das Gewehr in *Babel*). Entwerfen Sie eine Szenenfolge und schlagen Sie geeignete Darsteller vor, die sie aus anderen Filmen kennen.

Lösungshilfe: 5. Materialien (Text über Robert Altman)

4. Rezeptionsgeschichte

Als die *Simple Storys* 1998 erschienen, hatte Ingo Schulze bereits für das Vorgängerbuch *33 Augenblicke des Glücks* mehrere Preise gewonnen. Der neue Band etablierte ihn endgültig als eine der großen Hoffnungen der deutschen Literatur. Dabei gefiel der Roman nicht nur den professionellen Literaturkritikern, auch der Verkaufserfolg war beachtlich und führte bis in die SPIEGEL-Bestsellerliste. Die *Simple Storys* werden oft in einem Atemzug mit Thomas Brussigs *Helden wie wir* von 1995 genannt. Um zu verstehen, warum diese beiden Romane von den Lesern geradezu herbeigesehnt wurden, muss man sich die Situation vergegenwärtigen, in der sie erschienen. Es bestand ein dringender Bedarf nach einer angemessenen literarischen Verarbeitung der historischen Ereignisse, die Deutschland, vor allem aber seinen Osten seit 1989 betroffen hatten. Dazu gibt es eine treffende Schilderung von Volker Weidermann:

> *Im vereinigten Deutschland vertrieben sich die Kritiker derweil die Zeit mit der Suche nach dem sogenannten Vereinigungsroman. Günter Grass nahm die Forderungen ernster als alle, dachte sogleich: „Wer, wenn nicht ich?" und schrieb mit* Ein weites Feld *einen so hanebüchenen Roman vom Reißbrett, dass man nicht Reich-Ranicki heißen musste, um das Buch in einem Anfall von Empörung aus dem Fenster zu schleudern. Doch kaum hatten die Kritiker ihr Entsetzen jedem mitgeteilt, der es hören wollte, und beschlossen, lieber gar nichts mehr zu erwarten, als dieser unbekannte junge Herr mit der weichen Stimme und dem lichten Haar aus Ostberlin daherkam und den Vereinigungsroman als große Groteske unter dem Titel* Helden wie wir *veröffentlichte. Und drei Jahre später waren auch die ernsthaftesten Forderungen erfüllt, als der Dresdener Immenslockenträger Ingo Schulze [...] mit seinen Aufzeichnungen aus dem sächsischen Städtchen Altenburg die Leser glücklich und die Einheitsromanforderer endlich zufrieden gemacht hatte.*[11]

---

11 Weidermann, Volker: *Lichtjahre. Eine kurze Geschichte der deutschen Literatur von 1945 bis heute.* Köln: Kiepenheuer & Witsch, 2006. S. 237 f.

4. Rezeptionsgeschichte

Das öffentliche Ansehen der Bücher von Brussig und Schulze verbindet sich also auch mit der Vorstellung eines Generationswechsels in der deutschen Literatur, deren Erscheinungsbild bis zu diesem Zeitpunkt sehr stark von „Großschriftstellern" wie Günter Grass bestimmt war. Ihnen machten nun junge, unverbrauchte Autoren aus dem Osten des Landes erfolgreich Konkurrenz. Als Menschen, die in der DDR aufgewachsen waren und die Wende an Ort und Stelle erlebt hatten, verfügten sie über die geeignetere Biografie und schienen kompetenter als Westdeutsche, die bei der Wiedervereinigung häufig die unangenehmen Seiten des sozialen Umbruchs nur aus der Ferne erlebt hatten. Brussig und Schulze lösten durch die Qualität ihrer Bücher zugleich Erleichterung aus, denn sie zerstreuten die jahrelang verbreiteten Befürchtungen, die deutsche Literatur habe nicht mehr das Format, ein Ereignis von der Bedeutung der Wiedervereinigung zu bewältigen.

Generationswechsel

Unter den Besprechungen der *Simple Storys* überwogen beim Erscheinen bei weitem die positiven, ein Jahrzehnt danach ist er bereits in den Literatur-Kanon eingegangen und gilt als repräsentativ für den deutschen Roman nach der Wende. Übersetzungen sind bereits in ca. zwanzig Sprachen erschienen. Ein Verriss aus der Neuen Zürcher Zeitung steht zwar an prominenter Stelle auf der Amazon.de-Website, ist aber nicht repräsentativ. Dort wirft die Rezensentin Andrea Köhler Schulze aus streng westlicher Sichtweise vor, er habe seinen Erfolg kühl kalkuliert, sein Buch stecke voller Klischees und „Selbstmitleid"[12]. In anderen Reaktionen auf *Simple Storys* wird immer wieder der meisterhafte Umgang mit Sprache und Form betont, welcher bewirke, dass „ein eigentümlicher Sog"[13] von den Erzählungen ausgehe. Stellvertretend für viele Kritiker ist die Auffassung des Rezensenten der Berliner Morgenpost, dass Schulzes „Ansatz bescheiden und überschaubar"[14] sei und dennoch eine hellsichtige

---

12 Köhler, Andrea: *Salzstangen zum Kaffee. Ingo Schulzes „Simple Storys" aus der ostdeutschen Provinz*. In: „Neue Zürcher Zeitung", 19. März 1998.
13 Soldat, Hans-Georg: *Glänzende Splitter des Lebens. Ingo Schulze überzeugt auch mit seinem Roman „Simple Storys"*. In: „Berliner Morgenpost", 8. März 1998.
14 Ebd.

4. Rezeptionsgeschichte

und differenzierte Gesellschaftsanalyse bewirke. Als wesentliche Ursache für das Gelingen des Romans wird oft auf die ungewöhnliche Mischung aus Roman und Kurzgeschichte verwiesen, deren Eignung für das Vorhaben eines umfassenden Gesellschaftsbildes besonders häufig betont wird.

5. Materialien

Im März 1999 gab Ingo Schulze im Rahmen einer Podiumsdiskussion vor Studenten der Universität Turin Auskunft über sein Werk und seine Arbeitsweise.

Ja, also, ich weiß gar nicht, ob es so einen Ernst Meurer mit dieser Ehrlichkeit und dieser Hilflosigkeit in der Realität gibt. Was ich eben kannte und als kleiner Journalist verfolgt habe, sind natürlich die Leute gewesen, die in der DDR andere Leute rausgeschmissen haben. Grade im Schuldienst ist das sehr oft passiert, wo man immer nicht wusste, ob jetzt der Befehl noch von weiter oben kam. Die Leute, die eben vor zehn, fünfzehn Jahren aus der Schule rausflogen, kamen jetzt und fingen jetzt an zu erzählen. Und dann ist man so einer Sache natürlich nachgegangen und hat einen Artikel darüber geschrieben. Das waren ja auch alles kluge Leute, das ließ sich ja auch alles bestens belegen, und das waren sehr, sehr erschütternde Geschichten, weil da wirklich Leben kaputt gemacht worden sind. Das ist das eine. Und dann hat man natürlich so einen Artikel veröffentlicht, und in so einer Kleinstadt gibt's ja keine Anonymität oder kaum, und dann hab' ich mir überlegt: „Ja, mein Gott, der liest das jetzt, in vierzehn Tagen ist Ostern oder in einer Woche, was ist bei denen jetzt zu Hause los?" In einem Fall war ich dann richtig froh, dass ich den später noch mal auf der Straße sah, dass der sich also nicht umgebracht hatte oder so. [...] Also ich muss dazu sagen, die ganzen Figuren darin [im Roman] sind alle aus Konstellationen heraus entstanden. Ich hab' mir nie überlegt, wie könnte der oder der aussehen, ich hatte immer eine Situation, und die Leute fingen dann an, miteinander zu reden, und dann begannen sie so ein eigenes Leben. Der Ernst Meurer ist mir eigentlich immer näher gekommen, einfach auch mit dieser Hilflosigkeit. Im Realen hab' ich so einen nicht getroffen, es kann sein, dass es den gab, aber ich war dann nie mehr so eng mit ihm zusammen. Und das ist es dann ja auch: Plötzlich, wenn einer völlig hilflos ist, verleiht ihm das dann auch wieder eine Würde, weil sehr viele, die mitgemacht haben, die sind, die

5. Materialien

jetzt wieder am besten mitmachen können. Das drückt sich auch sprachlich aus. [...]
Ich hab' mal gesagt, dass mein Vorbild nicht die oder die Fernsehserie ist, sondern das Prinzip von einer Soap-Opera oder von einer Fernsehserie; wer die von Anfang an kennt, hat immer mehr von einer einzelnen Folge. Wenn ich da einschalte und reingucke, verstehe ich nicht viel, also gut, da ist zwar ein Konflikt, aber warum die jetzt so und so sind, das entzieht sich mir. Vom Prinzip her ist das schon ein bisschen so, wenn man da weiß, was die und der erlebt haben und wo sie vielleicht hingehen, und jetzt ist eben in dieser Figurenkonstellation das. Es steht keine Komposition in dem Sinne dahinter, auch wenn ich so was immer sehr bewundere. [...]
Ich denke, dass die Situationen, wie sie auch in Simple Storys *beschrieben werden, auch in Italien und sonst wo passieren können. Der große Unterschied für mich, wenn man genauer hinguckt, sind die Figuren. Meine Erfahrung ist, dass es natürlich ein Unterschied ist, ob man in einem westlichen System geboren worden und aufgewachsen ist und das eigentlich mit der Muttermilch aufgesaugt hat oder ob man es von dem einen Tag auf den anderen kennenlernt. Ich war 27 und damit noch relativ jung im Vergleich zu Leuten, die wesentlich älter waren. Für die war das viel schwerer, und wenn man da bestimmte Figuren anschaut, verwischt sich vieles natürlich. Die Barbara Holitzschek sagt: „Ihr habt da im Ratskeller gesessen in euren bayrischen Trachten." Plötzlich haben die ganz alten Kneipen ihre schöne Einrichtung rausgeschmissen und haben sich irgendwie so neubayrisch eingerichtet. Oder es kommt immer darauf an, wo ich das lese. In Regionen wie Süddeutschland und vielleicht auch in Italien merkt man das vielleicht nicht, aber im Buch wird gesagt: „Sahnegeschnetzeltes, zum Nachtisch Tiramisu. Außer Bier hatte er nichts getrunken." Plötzlich war Tiramisu da, das war neu. Das gab's überall, das war im Westen in diesem Moment schon vorbei. Also das ist jetzt nur so 'ne Kleinigkeit. Ich möchte nicht immer sagen: „Das ist jetzt so typisch Ost", aber wenn man das mal genau durchgeht, sieht einer aus dem Westen viele Dinge sehr viel gelassener. Gleichzeitig kann man sagen, dass allein so ein Problem wie Frauenemanzipation im Osten was ganz anderes ist als im Westen und sich ganz schwer vergleichen lässt. Erst recht mit Russland, wo es die Frauen nach westlichen Kriterien ganz schlimm*

haben, aber trotzdem eine unglaubliche Souveränität. Und so findet man, glaube ich, sehr, sehr vieles.[15]

In einem Nachruf auf den von ihm bewunderten amerikanischen Filmregisseur Robert Altman (1925–2006) stellt sich Ingo Schulze vor, was er ihm gesagt hätte, wenn er ihm jemals begegnet wäre, zum Beispiel an einer roten Ampel auf dem Potsdamer Platz in Berlin. Im folgenden Auszug ist die Rede von dem Episodenfilm *Short Cuts*, der auf Erzählungen von Raymond Carver (1938–1988) beruht.

Und daß er die vielen Stories um- und weitergeschrieben und zu einem Ganzen gefügt, weil er sie wie eine einzige gelesen habe. Daß ich keinen besseren Filmbeginn kennte als diese insektenhaften Hubschrauber, die Insektengift sprühen und die Leute in ihre Häuser jagen, in denen sie warten müssen, und wie man so, als hebe man ein Dach nach dem anderen an, Familie für Familie besuche.

Und daß dann der ganze Film wie ein Aufbrechen der durch diese Gifte versiegelten Welt sei. Das Alltagsleben rege sich unter diesem Firnis, dieser Glasur, ein Knüpfen von Beziehungen und Geschichten, die so alltäglich und profan und zugleich so evident seien wie Epiphanien[16]*. Und während die Ampel schon auf Grün schaltet, würde ich versuchen, zu beschreiben, wie sich das Unglück in den Häusern und Körpern anstaut und wie ihm, also Ihnen, Mr. Altman, die intelligenteste und poetischste Form von* suspense *gelingt. Und wie unglaublich das Finale ist, diese Entladung, diese Katastrophe, dieses Erdbeben, das einen Mörder rettet. Der Mörder kehrt zurück in seine Familie, und alle wissen, das große Beben, das ganz große, steht noch bevor. Ich wollte noch vom Gesellschaftspanorama, vom Mosaik, vom Puzzle reden, davon, daß die Stories sich wie Themen in der Musik ablösen, ergänzen, überlagern. Das und noch viel mehr, dearest Mr. Altman, wollte ich Ihnen sagen. Und zumin-*

---

15 *Intervista a Ingo Schulze*. Zu finden unter: http://www.germanistica.it/quaderni/schulze_intervista.asp (Stand Juli 2007. Es handelt sich um die Mitschrift eines Interviews. Einige durch die mündliche Sprechsituation bedingte Unebenheiten der Vorlage aus dem Internet werden zwecks besserer Lesbarkeit bearbeitet.

16 Vgl. dazu 2.3 Aufbau, S. 53 f. dieses Bandes.

dest ich wäre irgendwie froh und erleichtert gewesen, als hätte ich endlich eine Schuld abgetragen.[17]

Der folgende Text ist ein Auszug aus einer „Liebeserklärung an die Kurzgeschichte", die der deutsche Schriftsteller Maxim Biller (* 1960) anlässlich der Veröffentlichung seines Erzählungsbandes *Liebe heute. Short Stories* **(2007) schrieb.**

Ein guter Roman ist bloß ein sehr dickes Buch, das im Regal steht, und irgendwann nimmt man es raus, man liest es, dann stellt man es wieder zurück und hat das meiste, was drin war, vergessen. Ein Roman, sagt man, ist die ganze Welt auf fünfhundert Seiten. Wie soll das gehen? Passt ein Ozean in einen Wassertropfen? Eine Erzählung tut dagegen gar nicht erst so, als beinhalte sie alles, was gerade auf dieser Erde gedacht, getan und falsch gemacht wird. Eine Erzählung – je kürzer, desto besser – zeigt einen oder zwei Menschen, die vor dem Hintergrund eines sehr gegenwärtigen Großen-Ganzen etwas sagen oder tun.

Das Beste an der Kurzgeschichte ist natürlich, dass man als Leser ernst genommen wird. Dass man nicht – so wie bei den Extrem-Romanciers Pynchon, Nabokov oder Musil – unentwegt Nachhilfeunterricht in Geschichte oder Naturwissenschaft oder was auch immer bekommt. Dafür ist gar keine Zeit. [...] Als bei Hemingway am Weihnachtsabend drei Chirurgen im Krankenhaus über diesen Jungen reden, der kastriert werden will, weil er zu viel onaniert, fällt – Gott sei Dank – kein einziger lähmender Fachbegriff, und die Amputation, die am Ende wegen seiner Dummheit vorgenommen wird, kommt nur als schaurige Erinnerung in einem knappen Dialog vor. Und während die Juden von Ferrara in Giorgio Bassanis Geschichten im Treibsand der Gleichgültigkeit ihrer christlichen Nachbarn versinken, wird mit keinem Wort dieser dicke, kleine Faschist aus Rom erwähnt, der an ihrem Unglück schuld ist. Die echte Welt – zusammengesetzt aus Politik, Natur und Wissenschaft – ist wie eine Leinwand, vor der man so gelassen wie möglich eine kurze, poetische

---

17 Schulze, Ingo: „*Was ich Robert Altman noch hätte sagen wollen.*" In: „Frankfurter Allgemeine Zeitung", 23. November 2006. (Die FAZ verwendet erst seit 1. Januar 2007 die reformierte Rechtschreibung.)

Geschichte erzählen muss, damit auf ihr alles andere sichtbar wird. Dann werden manchmal sogar aus Tropfen Meere. [...]

Leser von Kurzgeschichten wissen, dass sie nach der Lektüre weniger wissen als vorher. Das genügt ihnen, sie denken selbst weiter nach und werden noch klüger. Leser von Romanen wollen aber Antworten, lange Antworten: So war der Zweite Weltkrieg, so ist es, wenn man immer nur an Sex und Juden denkt, so enden alle Fixer, so tragisch kann religiöse Verblendung sein. Und sie wollen sich in einem Roman wie in einem anderen Leben bewegen, sie wollen sich in die Gestalten einer endlosen, komplizierten, tausendseitigen Geschichte verwandeln, ohne das Risiko, dabei selbst draufzugehen oder sogar eine große, radikale Wendung vollziehen zu müssen, die sie sonst immer scheuen. [...]

Nicht alle Schriftsteller sollten Short Storys schreiben – aber wer den Trick raushat, sollte nichts anderes machen. Der Trick sind, ganz einfach, viele Geschichten zu einem Thema. Das ist das offene Geheimnis, das einem keiner erzählt, wenn man zu schreiben anfängt, keine Ahnung warum. Wenn der Roman ein großes, realistisches Gemälde ist, so muss man sich einen Short-Story-Band als eine extrem kubistische Angelegenheit vorstellen. Der Autor blickt auf dieselbe Sache aus hundert möglichen und unmöglichen Winkeln, er umkreist sie, er geht dicht heran, er schaut sie von weitem an, er wählt Perspektiven, die keiner kennt oder die es auch gar nicht geben kann – und das alles, damit wir klugen, selbstständigen Geschichtenleser noch besser verstehen, dass wir nichts verstehen.[18]

---

18 Biller, Maxim: *Aus Tropfen werden Meere. Eine Liebeserklärung an die Kurzgeschichte.* In: „Der Spiegel", 2. April 2007, S. 182–184.

Literatur

1) Texte von Ingo Schulze in der Reihenfolge ihres Erscheinens

Schulze, Ingo: *33 Augenblicke des Glücks. Aus den abenteuerlichen Aufzeichnungen der Deutschen in Piter.* München: dtv, 1997. (Erste Auflage: Berlin: Berlin Verlag, 1995.)

Schulze, Ingo: *Simple Storys. Ein Roman aus der ostdeutschen Provinz.* München: dtv, ⁶2006. (Erste Auflage: Berlin: Berlin Verlag, 1998.)
[Nach dieser Ausgabe wird zitiert.]

Schulze, Ingo; Penndorf, Helmar: *Von Nasen, Faxen und Ariadnefäden.* Berlin: Friedenauer Presse, 2000.

Schulze, Ingo: *Neue Leben. Die Jugend Enrico Türmers in Briefen und Prosa. Herausgegeben, kommentiert und mit einem Vorwort versehen von Ingo Schulze.* München: dtv, 2007. (Erste Auflage: Berlin: Berlin Verlag, 2005.)

Schulze, Ingo: *Handy. Dreizehn Geschichten in alter Manier.* Berlin: Berlin Verlag, 2007.

2) Sekundärliteratur

Görtemaker, Manfred: *Der Weg zur Einheit.* Überarbeitete Neuauflage. München: Franzis' print & media, 2005. (Schriftenreihe „Informationen zur politischen Bildung" der Bundeszentrale für politische Bildung, Nr. 250)
[Das Heft verschafft dem Leser einen schnellen Überblick über die historischen Ereignisse; es enthält auch weiterführende Literaturhinweise. Auszüge daraus und die Adresse für eine kostenlose Bestellung findet sich im Internet unter: http://www.bpb.de/publikationen/MO7OCP,0,0,Der_Weg_zur_Einheit.html; Stand Juli 2007.]

Nayhauss, Hans-Christoph Graf von: *Theorie der Kurzgeschichte.* Überarb. und erw. Ausgabe. Stuttgart: Reclam, 2004 (UB 15057: Reihe Arbeitstexte für den Unterricht).

Rösch, Gertrud Maria: *Ingo Schulze: Simple Storys. Ein Roman aus der ostdeutschen Provinz.* In: Interpretationen. Romane des 20. Jahrhunderts. Bd. 3. Stuttgart: Reclam, 2003 (UB 17522). S. 295–308.

Weidermann, Volker: *Lichtjahre. Eine kurze Geschichte der deutschen Literatur von 1945 bis heute.* Köln: Kiepenheuer & Witsch, 2006.
[Von Interesse ist dabei vor allem das Kapitel mit dem Titel „Jenseits des Ostens – die Grenzüberwinder".]

3) Rezensionen

Auffermann, Verena: *Von der Verwestung des Ostens. Ingo Schulze erzählt messerscharf das Unheimlich-Neue aus Altenburg.* In: „Süddeutsche Zeitung", 25. März 1998.

Böttiger, Helmut: *Der Kamerablick der Sprache. Ingo Schulzes „Simple Storys": ein virtuoser Ver- und Enthüllungsroman.* In: „Frankfurter Rundschau", 14. März 1998.

Greiner, Ulrich: *Menschen wie Tauben im Gras. Ostdeutsch: Ingo Schulze schildert die Generation, die den Sozialismus überstanden hat.* In: „Die Zeit", 26. März 1998.

Köhler, Andrea: *Salzstangen zum Kaffee. Ingo Schulzes „Simple Storys" aus der ostdeutschen Provinz.* In: „Neue Zürcher Zeitung", 19. März 1998.

Soldat, Hans-Georg: *Glänzende Splitter des Lebens. Ingo Schulze überzeugt auch mit seinem Roman „Simple Storys".* In: „Berliner Morgenpost", 8. März. 1998. [Im Internet unter http://www.hgsoldat.de/l-1998-03-08.pdf; Stand Juli 2007]

Literatur

Steinfeld, Thomas: *Ein Land, das seine Bürger verschlingt. Das Ereignis einfacher Geschichten. Mit staunenswerter Sicherheit erzählt Ingo Schulze vom beiläufigen Unglück in der ostdeutschen Provinz.* In: „Frankfurter Allgemeine Zeitung", 24. März 1998.

4) Materialien aus dem Internet [Stand Juli 2007]

http://www.ingoschulze.com/index2.html
[In dieser Internet-Präsentation von Ingo Schulze sind besonders eine Reihe von Texten von Interesse, in denen er Auskunft über sein Leben und Schreiben gibt.]

http://www.ub.fu-berlin.de/internetquellen/fachinformation/germanistik/autoren/multi_pqrs/schulzei.html
[Diese Seite der Freien Universität Berlin enthält Links, die u. a. zu Interviews mit Ingo Schulze und zu Texten von Rezensionen seiner Bücher führen.]

http://www.hamburger-bildungsserver.de/welcome.phtml?unten=/faecher/deutsch/autoren/schulze/index.htm
[Eine weitere Sammlung von Links, die vor allem für den schulischen Bereich nützlich ist.]

http://public.univie.ac.at/index.php?id=14529
[Diese Seite der Universität Wien enthält einen Link zu einer Diplomarbeit von 2001, die einen interessanten Vergleich zwischen Simple Storys *und einem klassischen Roman der frühen fünfziger Jahre anstellt (Rebecca Luise Zeilinger:* Zwei historische Wendezeiten im Spiegel der Literatur. Ein Vergleich der Werke Tauben im Gras von Wolfgang Koeppen und Simple Storys von Ingo Schulze*).]*